KB063794

오늘부터 내 인생,
내가 결정합니다

오늘부터 내 인생, 내가 결정합니다

눈치 보지 말고 망설이지 않고 내 삶의 결정권자가 되는 연습

마르틴 베를레 지음 | 장혜경 옮김

갈매나무

Contents

8 자기 방어 연습

"싫다"고 말하면 인생이 달라진다

"어차피 나 대신
살아주실 거
아니잖아요."

"우리가 대개 어떻게 삶을 잃어버린다고 생각하세요?"

사람으로 꽉 찬 강연장 연단에 서서 나는 이런 질문을 던지고 초조한 마음으로 대답을 기다렸다. 모히칸 스타일의 젊은 남자가 손을 번쩍 들었다.

"심장마비 때문에요."

"틀렸습니다."

"암이요."

검은 머리를 곱게 땋은 여성이 저 뒤편에서 소리쳤다.

"틀렸습니다."

"교통사고?"

은발의 신사가 중얼거렸다.

"아닙니다."

너도나도 한마디씩 거들었다.

"술."

"치매!"

"자살."

나는 연신 "틀렸습니다"를 반복했다.

"그럼 뭡니까, 대체?"

맨 처음의 모히칸 스타일 남자가 고함을 질렀다. 나는 그 자리에
모인 사람들을 한번 쭉 훑어본 후 조용히 입을 열었다.

"대부분의 사람들이 삶을 잃어버리는 이유는 자기 삶을 남에게
맡기기 때문입니다. '아니'라고 생각하면서 '예'라고 말하기 때문입
니다. 강물을 거슬러 가고 싶으면서도 강물을 따라가기 때문입니
다. 내가 아니라 남들이 선호하는 직업을 선택하고, 원치 않는 인간
관계에 휩쓸리기 때문입니다. 화분에 매일 물을 주면서도 막상 그
식물이 잘 크고 있는지는 관심이 없기 때문입니다."

분위기가 숙연해졌다. 나는 말했다.

"그렇게 18세에 삶을 잃고 그렇게 평생을 살다가 그렇게 88세에
무덤에 들어가는 겁니다."

❖ ❖ ❖

나 역시 18세에 삶을 잃었다. 그날 부모님은 정말로 기뻐하셨
다. 친척들은 전화를 걸어 축하 인사를 전했고 친구들은 한턱 쏘라

며 나를 술집으로 끌고 갔다. 나는 행운아였다. 공무원 시험에 합격한 행운아! 모두가 나의 합격을 자기 일처럼 기뻐했고 '안정된 일자리'를 부러워했으며 이런 농담을 던졌다. "공무원은 과로로 죽지 않아." 그러나 아니었다. 모두가 틀렸다.

2년 동안 나는 구청에서 서류와 씨름했다. 내게 일을 가르쳐준 전임자의 정치적 입장만큼이나 뽀얗게 먼지투성이인 서류들이었다. 그는 내게 신문 기사를 스크랩하고 서류를 철하고 복사를 하고 우체국에 가라고 시켰고, (학교 다닐 때 늘 작문 실력이 좋다고 칭찬받았던) 나의 글 솜씨를 타박했다. 12시 1분에 여권을 찾으러 온 주민을 1분 지났으니 점심시간 끝나고 오라고 돌려보내야 했다.

나는 창의적인 아이였다. 내 마음대로 게임을 만들고 이야기를 지어내던 아이였다. 그랬던 내가 구청에서는 정말로 따분해서 죽을 것 같았다. 저녁이면 너무너무 피곤해서 친구들을 만날 힘도 없었다. 그렇다고 일이 많은 것도 아니었다. 하루 종일 내가 하는 일이라고는 500번 넘게 시계를 쳐다보는 것밖에 없었다. 시계를 쳐다보며 점심시간이 되기를, 퇴근 시간이 되기를, 얼른 금요일이 오기를 고대했다. (하지만 자주 쳐다볼수록 시간은 느리게 갔다.)

불행했다. 그 2년 동안. 나는 내 삶을 잃어버렸다. 왜? 내 심장이 아니라 남들의 속삭임에 귀를 내주었기 때문이다. 그러니 지금껏 무슨 일이든 올바른 선택을 했고 당신에게도 완벽한 인생을 가르쳐줄 지도자의 비법을 기대했다면 이 책은 이쯤에서 덮는 것이 좋겠다. 나는 적임자도 아니고, 또 올바른 결정은 바깥에서 오는 것이 아니라 마음에서 오는 것이라 믿기 때문이다. 이 책을 읽어서 인생이 확 바뀔 것이라 믿는다면 역시 이쯤에서 덮는 것이 좋겠다. 당신의 인생은 바뀌지 않을 것이다. 그저 읽기만 해서는.

이 책은 알람시계와 같다. 습관이라는 따뜻한 이불을 박차고 일어날 것인지 알람을 듣고도 계속해서 누워 있을 것인지는 당신이 결정해야 한다. 벌떡 일어나 남들의 기대를 물리쳐야만, 읽은 내용을 행동으로 옮겨야만 당신의 인생에 생명을 불어넣을 수 있다. 내가 쓰고 싶은 책은 고개를 끄덕이다가 덮어버리는 그저그런 읽을거리가 아니다. 당신의 생각과 행동과 인생을 바꾸어줄 진정한 삶의 책이다.

당신의 인생에 생명을 불어넣기 위해 가장 필요한 것은 당신의 마음에서 불타는 소망이다. 남의 기대를 훌훌 털어내고 자신이 결정한 삶, 자신에게 꼭 맞는 삶을 시작하겠다는 소망이다.

그 조건을 충족했는가? 아마 그럴 것이라고 나는 생각한다. 그렇지 않다면 당신이 이 책을 집어 들었을 이유가 없을 테니까. 당신은 분명 인생에 대해 고민하는 사람일 것이며, 행복이 찾아올 때까지 기다리지 않고 행복을 향해 한 걸음 먼저 다가가는 사람일 것이다. 영국 철학자 버트런드 러셀Bertrand Russell은 말했다. "남들이 나를 어떻게 생각할까 늘 고민하는 사람들은 언젠가 깜짝 놀랄 것이다. 사실 남들은 나에 대해 별로 생각하지 않으니까."

대부분의 사람들은 거꾸로 산다. 인생 열차의 기관차를 남의 손에 맡기고 자신은 마지막 칸에 무심히 앉아 있다. 당연히 그 기차는 당신의 인생 목표를 그냥 지나쳐 불만이 싹트는 지점 어딘가에 멈춰 설 것이다.

나는 구청에서 내 인생의 열차를 멈추었다. 내 뜻대로 행동한다고 생각했지만 나는 한낱 꼭두각시에 불과했다. 현대의 가장 위험한 질병, 점점 더 확산되고 있는 국민질병의 손아귀에 나 역시 걸려들고 만 것이다. 그 질병의 이름은 '남의 결정'이다. 그 결과 나는 행복의 철로에서 탈선하고 말았다.

어떻게 하면 인생 열차의 기관차에 오를 수 있을까? 어떻게 하면 달리던 열차를 돌려 행복을 향해 달려갈 수 있을까? 이 책은 이런 자기 결정으로 가는 길을 당신과 동행하고자 한다. 귄터 야우흐(독일의 방송 진행자)에서 스티브 잡스까지 유명인의 경험을 들려줄 것이고, 아리스토텔레스에서 쇼펜하우어까지 위대한 사상가의 지혜를 공유할 것이며, 무엇보다 나를 찾아와 인생 기차표를 다시 만들었던 지극히 평범한 사람들의 이야기를 함께 나눌 것이다. 그리고 이런 경험담에 실질적인 코칭 연습을 곁들여 당신을 옆에서 든든하게 지원해줄 것이다.

당신은 여전히 승강장에 서 있다. 이제 떠나고 싶은가? 때마침 역 안에 안내 방송이 울린다.

"지금 열차가 들어오고 있습니다. 승객 여러분은 안전선 밖으로 한 걸음 물러서주시길 바랍니다."

내가 장담할 수 있다. 분명 재미난 여행이 될 것이다. 그저 생각만 바꾸면.

"모두가 하고 싶은 것만 한다면 우리가 어디로 가겠어?"

현자가 웃으며 말했다.

"어디긴 어디야? 행복으로 가지."

Part 1
Recognize

내 마음 들여다보기

당신은 마돈나처럼 섹시할 수 없다. 찰리 채플린처럼 웃길 수 없다.
당신은 마돈나가 아니고 채플린이 아니기 때문이다. 당신은 당신이다.
그리고 당신의 스타는 당신 안에서만 빛날 수 있다.
독일 시인 빌헬름 부쉬 Wilhelm Busch 는 말했다.
"남의 발자국을 따라가면 아무 발자국도 남기지 못한다."
밖을 향한 눈을 안으로 돌려라. 당신이 감탄한 남들의 장점은 당신에게도 숨어 있다.
유일하게 필요한 비교는 자신과의 비교이다.
당신에게도 모범적으로 행동했던 때가, 정말 마음에 쏙 들었던 시간이 있었을 것이다.
그 시간을 비교의 출발점으로 삼으면 된다.

나는 어떻게
나를 실망시키며
살아왔나

1

우울증 들여다보기

나는 지금 아무것도
하고 싶지 않다

"내 인생이 구멍 난 배 같다는 생각이 들어요."

이 여자는 천하무적이다. 모두가 그렇게 생각했다. 엘리 클라이버(46세)는 말 그대로 '에너자이저'였다. 직원을 다섯 명이나 거느린 미용실을 두 군데나 운영했고, 성공가도를 달리는 남편의 내조를 확실하게 했으며, 아들 둘(9세, 14세), 딸 하나(16세)를 키우면서 교회 합창단에서 노래도 불렀고, 동 대표도 맡았으며 학부모회의 회장이었다. 그리고도 남는 시간이 있으면 자전거에 올라 페달을 밟으며 몸매를 가꾸었다.

헤어스타일은 항상 완벽했다. (어머, 그게 뭐가 어렵다고? 내 직업이잖아.) 검붉은 핸드백은 블라우스 색깔에 맞추었고 엷은 홍조를 띤 얼굴엔 생기가 돌았다. 내 상담실을 찾아온 순간에도 그녀는 그렇게 날씬하고 화려했으며 힘이 넘치는 것 같았다. 그러나 그런 겉모습과 달리 그녀는 쓰러지기 일보 직전이었다.

"내 인생이 꼭 구멍 난 배 같다는 생각이 들어요. 한쪽에서 물을 퍼내면 다른 쪽에서 그보다 더 많은 물이 쏟아져 들어오는 느낌이에요. 이제 더는 못하겠어요."

"구체적인 예를 들어보시겠어요?"

"우리 둘째 외른이 학교에서 문제가 많아요. 예전에는 늘 1등만 했는데 이젠 중간 정도밖에 못하거든요. 그래서 일주일에 두 번 오후 4시에 집에서 제가 아이를 가르쳐요."

"그게 막아야 하는 구멍 중 한 개인가요?"

"그것뿐이면 괜찮을 텐데요. 제가 미용실을 비우는 동안 난리가 나지 뭐예요. 예약 스케줄이 뒤엉키고, 예약을 한 손님도 10분 넘게 기다리게 되고. 그게 더 큰일이에요."

"그건 어떻게 아셨습니까?"

"미용실에 있는 직원이 당황해서 저한테 전화를 해요. 그런 사달이 났다는 소리를 들으면 당장 미용실로 달려가고 싶어요. 당연히 아들도 낌새를 채고 집중을 못하고 나도 속으로 이런저런 생각을 하게 되고요. '이게 다 무슨 소용이야. 미용실이 엉망인데'라고 말이죠."

"그래서 미용실로 돌아간 적이 있으세요?"

"몇 번 갔어요. 그럼 미용실은 대충 해결이 되는데 일을 하는 내내 또 이런 생각을 하게 돼요. '난 나쁜 엄마야. 아들보다 일이 먼저라니.'"

"그런 생각이 일에는 어떤 영향을 미쳤나요?"

"옆에서 직원이 부르면 깜짝깜짝 놀라요. 마음이 집에 가 있었으니까요. 모범이 되어야 할 사장이 그러니 직원들이 뭐라고 생각하겠어요? 참 한심하죠."

이런 식의 이야기를 엘리는 끝없이 늘어놓았다. 아침에 가족의 식사를 챙겨주고 신선한 과일주스를 갈아주고 남편과 하루 일정을 이야기하다 보면 어느새 출근해야 할 시간이다. 출근 전에 자전거를 타고 한 바퀴 돌겠다던 전날 밤의 각오는 또다시 약해지고 만다. 하지만 막상 가족을 뒤로 하고 자전거에 올라 페달을 밟으면 또 양심의 가책이 소리쳤다.

'넌 이기적이야. 가족을 팽개치고 저만 생각해. 아예 이참에 자전거하고 결혼하지 그래?'

사람들은 나를 강한 사람이라 생각하지만…
　·
　·

대화가 길어질수록 그녀의 얼굴에 드리운 그림자가 짙어졌다. 그녀는 두통에 시달리는 사람처럼 눈을 질끈 감고 미간을 찡그렸고 신경질적으로 머리를 쥐어뜯었다. 두 눈동자에 넘치던 생기는 사라지고 발그레하던 뺨 위엔 슬픔의 다크서클이 내려앉았다. 아름답던 외관이 부서지기 시작한 것이다.

"한계에 도달했다는 기분이 삶의 질에는 어떤 영향을 미치나요?"

내가 물었다.

"새벽 3시에 깨서 다시 잠에 들지 못해요. 책을 읽고 있어도 어디를 읽었는지 기억이 안 나요. 손님들에게 친절하려면 몇 번이나 이를 악물어야 해요."

"요즘 즐거운 일은 있나요?"

그녀는 이마를 긁적였다.

"글쎄…… 별로…… 아침에 눈을 뜨면 일어나기가 정말 힘이 들어요. 그래도 남편과 자식들 생각하면 마냥 누워 있을 수가 없어요."

"주변 사람들 중 누가 이런 사실을 알고 있나요?"

"아무도 몰라요. 부담 주고 싶지 않아요. 다들 자기 살기도 바쁘잖아요. 우리 직원들도 마찬가지고요. 손님들한테야 더더구나 못할 말이고요. 제 걱정 들어주려고 돈 내고 미용실에 오는 게 아니잖아요."

"남편분과 친구들은 어떠세요?"

"다들 나는 강한 사람이라고 생각하죠. 자기 관리가 철저한 사람, 그래서 무슨 일을 맡겨도 척척 해내는 사람."

"그 말은 당신이 훌륭한 배우라는 뜻이군요."

"그럴 수밖에 없어요."

"누가 그러라고 하던가요?"

그녀는 고개를 젖혀 천장을 바라보았다. 그리고 다시 나를 바라보았다. 여전히 텅 빈 것 같은 눈으로. 그러나 그 눈은 비어 있지 않았다. 눈에 가득 차오른 눈물이 끝내 뺨을 타고 흘러내렸다. 눈꼬리를 따라 검은 눈물 자국이 번져나갔다. 지금 그녀의 영혼 같은 검은색이었다. 하지만 사실 그건 그저 아이라이너였을 뿐이다.

Think Different

약점은 물놀이 공과 같다. 물밑으로 밀어 넣으면 넣으려 할수록 더 힘차게 위로 올라온다.

왜 모든 걸 잘해야 하고
모든 이에게
잘 보여야 하지?

아무렇지도 않은 척하지만 이미 배는 기울었다. 날이 갈수록 엘리 같은 사람들이 자꾸만 늘어간다. 오랜 시간 현실을 미화하고 자신의 힘을 과대평가하며 의무를 과소평가한다. 그러기에 생활의 리듬을 제때 조절하지 못한다. 아주 제대로 사달이 나야 겨우 현실을 깨닫는다. 극심한 번아웃이 닥쳤을 때야 겨우 말이다.

압박은 일터에서만 오는 것이 아니다. 마음에서도 온다. 왜 엘리는 아들이 1등을 해야 한다고 생각할까? 왜 학원에 안 보내고 직접 가르쳐야 한다고 생각할까? 왜 남편 내조를 잘해야 하고 아이들에게 매일 아침 신선한 과일주스를 갈아 먹여야 한다고 생각할까? 왜 남편과 하루 일과를 이야기하는 것이 아내의 의무라고 생각할까? 왜 직장일과 집안일만으로도 벅차면서 합창단도 하고 학부모회에도 가고 동 대표도 하는 것일까?

엘리의 욕심은 너무 과하다. 아들이 중간 정도 성적을 받는 것으로는 충분하지 않다. 아들은 반드시 1등을 해야 한다. 동 대표가 되지 않으면 안 된다. 그래야 자기 동네가 어떻게 돌아가는지 챙길 수 있다. 가끔씩 자전거를 타는 것으로는 성에 안 찬다. 날씬한 몸매가 필수라고 생각하기 때문이다.

엘리 자신만 문제인 것이 아니다. 주변 사람들 모두가 그녀에게 의무를 지운다. 가족은 현모양처가 되기를, 학부모들은 똑똑한 회장이 되기를, 직원들은 멋진 사장이 되기를, 고객들은 고객의 불평을 들어주는 상담사가 되기를 그녀에게 바란다.

그녀는 그 모든 바람과 의무를 다 이행해낸다. 남들을 위해서. 그러나 정작 자신을 위해선 무엇을 했던가? 그런 상황에서 그녀가 번아웃 직전까지 간 것은 우연이 아니다. 의학적으로 볼 때 번아웃은 우울증의 한 형태이다. 너무 오래 에너지를 빼앗기다 보니 아무도 보고 싶지 않고 아무것도 하고 싶지 않고 나아가 살고 싶지도 않은 증상이다. 우리가 '번아웃'이라는 말을 선호하는 것은 성과 사회의 피상적인 이상 때문이다. '비실대는' 사람에겐 알리바이가 필요하다. 번아웃이라는 개념은 그 당사자를 미화시킨다. 일을 위해, 인생을 위해 다 타버렸노라고, 타당한 이유로 건강을 잃은 것이라고 그를 추켜세우기 위해서이다. 한마디로 영웅 신화인 것이다.

내 안의 작고 연약한 아이를 돌아보라

⋮

'번아웃burnout'이라는 말은 독일 정신분석학자 허버트 J. 프로이덴베르거Herbert J. Freudenberger가 70년대 중반에 물리학에서 차용한 개념이다. 사회복지 관련 직종에서 열심히 남을 돕던 사람들이 갑자기 냉소적인 태도를 보이고 실망감과 무관심으로 일관하는 모습을 자주 목격하게 된다. 온몸과 마음을 마비시키는 탈진 현상이 그들을 사로잡아 매사에 시들해지는 것이다. 친구도 취미도 가족도 다 무의미해진다. 그래서 사람을 피하고 마약을 하게 되고 끝없이 추락한다. 심지어 자살을 하는 사람도 적지 않다.

사회복지 관련 직업이 특히 위험한 것은 이유가 있다. 매일 타인의 욕구를 채워주어야 하는 사람은 정작 자신의 욕구를 잊어버리기 쉽다. 타인에게 맞추어 살다 보면 자신에게 충실하지 못할 때가 많다. 그래서 많은 사람들이 자기 인격의 일부를 떼어내어 내면의 지하실로 쫓아낸다. 그럼 그곳에 갇힌 그 일부가 무슨 짓을 할까? 관심을 끌기 위해 난동을 부린다. '꺼내줘!' 혹은 '내가 여기 있는 걸 잊어버렸잖아!'라며 아우성친다. 정신분석학자 칼 구스타브 융Carl Gustav Jung은 지하실로 쫓겨난 인격을 가리켜 '그림자'라고 부른다. 그러니까 그림자는 우리가 나쁘다고 생각하여 억압한 우리 성격의 일부이다.

엘리의 마음속 지하실엔 그녀의 작고 연약한 부분이 갇혀 있었다. 부모님은 정말 엄하신 분들이었다. 그래서 그녀는 어릴 적부터 무슨 일이든 대충해서는 안 된다고 생각했다. 그녀가 미용실을 두 개나 운영하게 된 것도 사실 그런 노력의 결과였다. 하루 24시간 그녀는 완벽을 추구했다. 하지만 그 많은 인생의 목표 중 하나만 놓쳐도 거울에 비친 자신이 패배자로 보였다. 당당하게 자신이 이룬 것에 감사해야 마땅한 상황인데도 그녀는 늘 하나라도 놓칠까 봐 전전긍긍했다.

겉으로는 어린 시절부터 배운 대로 강한 모습을 보였다. 그럼 어린 시절 부모님은 그에 맞는 상을 주었다. 칭찬이 쏟아졌다. 지금도 모두가, 가족이나 친구, 직원, 고객 할 것 없이 그녀를 손이 여덟 개쯤 되는 일하는 기계로 취급한다. 아무리 굴려도 잘 돌아가는 기계라고 생각한다. 그녀 역시 이런 이미지를 지키기 위해 마지막 순간까지 최선을 다했다. 자신의 약점을 인정하고 완벽주의를 포기해야 한다는 생각은 단 한 번도 해본 적이 없었다.

만족은 자기 인정을 바탕으로 한다. 자기 인격의 모든 부분, 그림자까지도 '진짜 자아'에 통합시키는 것, 그것은 우리가 삶에서 직면해야 할 도전이다. 칼 융은 말했다. 자기 안에 숨은 모든 것을 허용하는 사람만이 지혜를 얻을 수 있고 영적으로 발전할 수 있으며 자아실현을 이룰 수 있다고. 나는 엘리에게 말했다.

"당신 마음속에 작고 연약한 아이가 있다고 가정합시다. 당신이 그 아이를 책임져야 해요. 그런데 그 아이는 당신의 삶을 당신과 똑같이 몸으로 느끼기 때문에 지금 어려움에 처해 있죠. 이제 당신은 이 연약한 아이를 보호하기 위해 당신의 인생 프로그램을 어떻게 바꾸시겠습니까?"

골똘히 생각한 끝에 그녀가 말했다.

"잠을 더 재우겠어요. 애들은 잠을 많이 자야 해요. 안 그러면 집중력이 떨어지고 피곤하거든요."

"또 다른 것은요?"

"의무를 줄여주겠어요. 적어도 일주일에 이틀은 퇴근 후에 쉴 수 있게 해주겠어요."

"늦은 시간까지 합창단 노래 연습을 하라고 애한테 시키겠어요?"

"아, 아뇨. 그건 다른 사람들도 싫어해요. 그리고 할 일이 너무 많으니까 합창단은 그만두는 게 좋겠다고 말리겠어요."

이렇게 엘리는 자신이 맡고 있던 의무 중 한 부분을 포기하고 자신에게 새로운 여지를 마련해주었다. 자신보다는 (자기 안의) 연약한 아이를 위해 고민한다고 생각하니 포기하기가 훨씬 쉬웠던 것이다. 그런 식으로 오래 대화를 나누면서 그녀는 아이의 연약함이 곧 자신의 욕망과 한계를 의미한다는 사실을 깨달았다. 나아가 남편과 자식들도 아내와 엄마의 힘든 점을 알 필요가 있다고 생각하게 되었다. 늘 남 뒤치다꺼리만 할 것이 아니라 이제 스스로가 도움을 받아야 할 시점이라는 생각을 하게 된 것이다.

나는 엘리에게 연습 문제를 내주었다. 다음 주부터는 한 가지 의무를 할 때마다 자신에게 '영혼의 눈깔사탕'을 주라고 제안했다. 예를 들어 다음 주 수요일에는 남편에게 아이들 아침을 먹여달라고 부탁하고 자신은 그동안 늘 하고 싶었던 아침 산책을 하는 것이다. 그리고 남편에게 어떤 점이 힘든지, 남편이 어떤 점을 도와주었으면 좋겠는지 허심탄회하게 털어놓기로 했다. "말로 털어놓기만 해도 마음이 훨씬 가벼워질 것 같아요." 그녀는 그렇게 말했다.

그사이 그녀의 얼굴에선 검은 눈물 자국이 싹 사라졌다. 그녀의 영혼이 다시 환해졌기 때문이다.

Think Different

모범적인 엄마가 현자를 찾아가 말했다.
"저는 항상 100퍼센트를 이루고 싶습니다."
현자가 대답했다.
"그러지 마세요. 정말 100퍼센트 다 타버리고 싶습니까?"

"해보니 되더라."

셰릴 샌드버그Sheryl Sandberg가 페이스북 최고운영책임자COO로 임명되고 얼마 후 부하 직원과 9시에 만나기로 약속을 했다. 그런데 한 사람이 약속을 지키지 않았다. 누가 약속을 어졌을까? 그녀가? 아니, 부하 직원이었다. 그는 셰릴이 말한 9시가 당연히 밤 9시라고 생각했다. 그때까지 페이스북 직원들은 의례히 야근을 했다. 창립자 마크 주커버그를 필두로 모두가 밤늦은 시각까지 일했다.

그랬으니 최고 경영자인 셰릴도 최소 직원들만큼은 늦게까지 일해야 한다고 생각했다. 그녀의 자서전 《린인Lean In》을 보면 이런 이야기가 등장한다. "너무 일찍 퇴근하면 얼룩딜룩한 늙은 개처럼 남들의 눈에 띌까 봐 겁이 났다. 그래서 저녁마다 아이들과 같이 식사를 하지 못했다." 남편 데이브가 아이들을 보살폈지만 셰릴은 늘 양심의 가책에 시달렸다. 아이들은 엄마가 없어서 더 좋았을지도 모르지만 그녀는 그렇지 않았다.

이렇게 계속 사생활을 포기하고 산다면 어떻게 될까? 그녀는 미래를 그려보았다. 언젠가 자기 인생에 실망한 그녀가 결국 다 포기하고 사표를 던질 것이다. 그런 미래가 그녀에게 득이 될까? 그렇지 않았다. 그럼 회사에 득이 될까? 역시 아니었다. 그래서 그녀는 결단을 내렸다. "그때부터 억지로라도 5시 30분이 되면 사무실을 나갔다." 물론 그러기가 쉽지 않았다. "경쟁심과 야망에 불타는 내 본성이 가지 말라고 고함을 질렀다." 하지만 그녀는 꾹 참고 결심을 밀어붙였다. "5시 30분이면 컴퓨터를 끄고 퇴근을 했다."

그래서 어떻게 되었을까? 야근의 줄다리기에서 패했기에 경영자로도 실패했을까? 일과 가족을 똑같이 중요하게 생각했기에 출세의 사다리에서 곤두박질쳤을까? 그렇지 않다. 그녀는 여전히 미국에서 가장 성공한 경영자 중 한 사람으로 꼽혔으며 사람들의 칭송과 감탄을 받았다.

"해보니 되더라." 그것이 정시 퇴근을 실행에 옮긴 최고 경영자의 결론이다.

최고 경영자에게도 통했는데 하물며 우리 같은 일반인들에게야 당연히 통하지 않겠는가.

나는 오늘
무기력의 지옥에서
빠져나갈 것이다

귀를 찢는 소음이 들리는데 조용할 때처럼 깊이 집중할 수 있을까? 자동차 엔진이 윙윙거리고 자판 두드리는 소리가 시끄럽고 아이가 울어도 방해가 안 될까? 사방이 쥐 죽은 듯 조용할 때처럼 업무에 몰두할 수 있을까? 복잡한 수학 문제를 풀 수 있을까?

학자들이 실험을 해봤더니 내가 소음을 줄일 가능성이 없는 경우엔 그 소음이 엄청난 장애가 된다. 그래서 일을 할 때도 실수가 늘어난다. 하지만 소음을 줄일 가능성이 있을 경우엔 설사 소음을 줄이지 않더라도 전혀 방해가 되지 않는다. 예를 들어 창문을 연 상태에서 소음이 들릴 경우 창문을 닫기만 하면 되므로 조용할 때와 마찬가지로 집중을 할 수 있다. 그러나 창문을 닫았는데도 소음이 심한 경우엔 일에 통 집중을 할 수 없다.

그러니까 결론은 진짜 소음은 우리 안에서, 우리 머리에서 나온다는 것이다. 미국의 심리학자 마틴 셀리그만Martin Seligman은 1960년대에 이런 현상에 이름을 붙였다. 그 이름은 바로 '학습된 무기력'이다.

동물 실험 결과를 보면 그 말이 무슨 뜻인지를 잘 알 수 있다. 예를 들어 야생 쥐를 물에 집어넣으면 60시간 동안 헤엄을 칠 수 있다. 하지만 사람한테 붙들려 제 마음대로 할 수 없는 경험을 해본 적이 있는 쥐는 어떨까? 원래 시간의 120분의 1에 불과한 30분밖에 버티지를 못했다. 무기력의 경험이 할 수 있다는 희망을 꺾어버렸기 때문에 쥐는 온 힘을 동원하는 대신 체념하고 자기 운명을 받아들이는 것이다.

어떤 상황을 바꿀 수 없다는 경험은 우리의 에너지를 강탈한다. 특히 어린 시절 폭력적이거나 무관심한 부모 탓에 자신의 무력함을 극심하게 경험한 사람은 어른이 되어서도 이런 감정에 자주 붙들린다. 그럴 경우 자신의 삶은 무의미하고 가치 없는 한심한 것으로 쭈그러든다. 일상의 작은 임무들이 도저히 넘을 수 없는 걸림돌이 되고 기쁨이 사라지며 인간관계는 짐이 되고 온몸과 마음을 마비시키는 무기력함이 퍼져나간다. 우울증의 신호인 것이다.

힘든 상황을 어떻게 극복해낼 것인가는 자신을 상황의 주인으로 느끼느냐 무기력한 피해자로 느끼느냐에 달려 있다. 상황 그 자체는 중요치 않다. 중요한 것은 주관적 판단이다. 당신의 삶이 외부 상황에 종속될수록 무력감은 커지고 더불어 우울증의 위험도 높아진다. 자력으로 살 수 있다는 확신을 접었기에 노력도 포기해버린다.

나에게 행복을 주는 사람은 나 자신

예전에는 일자리를 보장받는 방법이 아주 간단했다. 성실히 맡은 일을 다하면 회사가 고용을 해주었다. 하지만 오늘날엔 최고의 성과를 올려도 해고 통지를 받을 수 있다. 최고 경영자가 자사의 주가를 올리려고 수백 개의 일자리를 단칼에 날려버릴 수도 있다. 회사가 합병을 결정하여 순식간에 당신의 일자리를 없애버릴 수도 있다. 단순히 운이 없다는 이유로!

예전에는 직원들이 한 해가 지나고 난 후 자신의 자리가 어디일지를 확신할 수 있었다. 요즘엔 한 치 앞의 일을 가늠할 수가 없다. 하룻밤 사이에 사장이 바뀌거나 업무가 바뀔 수도 있다. 시장 상황이 요구할 경우 정규직이 계약직으로 바뀔 수도 있고 갑자기 잔업이 넘쳐날 수도 있다. 미래는 예측 불가능하다. 일기예보처럼 도무지 안 맞는다.

따라서 인생의 행복을 외적인 성공과 연계시키는 학습된 무기력을 겪을 수밖에 없다. 승진을 목표로 세울 수는 있지만 혼자 힘으로 승진할 수는 없다. 승진은 당연히 상사에게 달린 일이다. 그 상사는 다시 자기 상사에게 종속되고 그 상사의 상사는 다시 시장 상황에 종속된다. 프란츠 카프카Franz Kafka의 소설 《심판Der Proze》의 주인공 토지측량사 요제프 K처럼 고용된 성에서 불청객 취급을 받으면서 자신이 어떻게 할 수 없는 상황에 인생을 거는 것이다.

물질적 자산이나 사랑도 이와 비슷하다. 미국의 부동산 위기 때처럼 당신이 산 부동산 가격이 갑자기 폭락한다면 어떻게 될까? 애인이 어느 날 인터넷으로 다른 여자를 만났다고 고백한다면? 요즘은 그런 충격이 찾아올 가능성이 예전보다 훨씬 더 크다. 우리의 삶은 정해진 경로를 따라가지 않는다. 날로 예측이 불가능하고 날로 제멋대로이다.

예방약은 딱 하나뿐이다. 행복의 원천을 자신에게서, 이 세상에 단 하나밖에 없는 자신의 유일함에서 찾아야 한다. 행복하기 위해서는 어떻게 느끼고 생각하고 행동해야 할까? 날이 화창하건 우박이 쏟아지건 관계없이, 어떻게 해야 아름다운 세상을 볼 수 있을까? 세상을 바라보는 자세가 홀로 설 수 있는 힘을 선사한다. 국가가 행복을 주지 않는다. 친구와 가족, 연인도 행복을 주지 않는다. 당신에게 행복을 주는 사람은 당신 자신이다! 행복이 당신 손에 있다고 확신하기만 하면, 행복은 찾아온다. 당신의 생각과 감정을 어떻게 조종할 수 있을지는 뒤에서 알아보기로 하자.

아리스토텔레스Aristoteles는 말했다. "덕이 있고 사려가 깊은 사람은 인생의 변화를 고귀한 자세로 이겨내며 주어진 것으로 최선의 결과를 이끌어낸다. 주어진 군사로 최선의 결과를 끌어내는 위대한 장군처럼 행동한다." 그의 충고를 따라 세상에 단 하나밖에 없는 독립적인 인생을 찾기 위해 전장으로 달려나가자.

Think Different

인생은 운전과 같다. 운전석에 앉은 사람이 조수석에 앉은 사람보다 더 안전하다고 느낀다. 당신은 자기 인생을 스스로 운전하고 있는가?

Act Different

유리잔 여섯 개를 어떻게 채울 것인가

유리잔 여섯 개를 식탁에 나란히 놓고 각 잔에 이름표를 붙인다. 직업, 가족 혹은 연인, 취미, 친구, 건강, 여가. 1리터 병에 든 오렌지 주스를 여섯 개의 잔에 나누어 따른다. 따르는 양은 당신이 각 분야에 투자하는 시간과 비례한다. 시간과 노력을 많이 기울이는 분야일수록 주스의 양도 많을 것이다. 시간을 두고 곰곰이 생각하여 현재의 상황에 맞게 양을 조절해보자.

한 걸음 뒤로 물러나서 유리잔을 바라본다. 어떤 잔이 제일 많이 찼는가? 어떤 잔이 놀랄 정도로 비었는가? 취미, 건강, 여가에 투자하는 시간은 어느 정도나 되나? 이런 결과를 예상했었나? 아니면 의외의 결과인가? 이 장면을 사진으로 찍어 남긴다.

그다음 유리잔을 비워 식탁에 올린 후 당신이 각 분야에 투자하고 싶은 시간만큼의 비율로 주스를 다시 나누어 따른다. 어떤 잔의 주스가 더 줄었고 어떤 잔의 주스가 더 늘었나? 조금 전에 찍은 사진과 비교해본다.

이제 각 분야별로 메모지를 여섯 장 마련하여 아래 질문에 대한 대답을 적어보자.

"시간의 양을 바꾸기 위해 당신은 무엇을 하고 싶은가?"

이 질문의 답이 될 만한 구체적인 행동을 적는다. 친구들과 보내는 시간이 너무 적다 싶을 땐 정기적인 모임을 만들면 될 것이다. 여가 시간이 부족하다면 점심시간을 이용해 요가를 하거나 산책을 해보면 어떨까.

한 달 동안 이 계획대로 실행한 후 다시 이 연습을 반복하고, 얼마나 시간 배분이 달라졌는지 점검해보자.

2

번아웃 들여다보기

꼭 해야 할 일은
의외로 많지 않다

넌더리가 나지 않는가,
남의 인생 사는 것이…

1999년 6월 19일 새벽 3시. 그는 남들보다 일찍 집을 나섰다. 그리고 살금살금 발소리를 죽이며 함부르크의 한 건물로 잠입했다. 두 눈동자는 한시도 가만히 있지 못하고 사방을 살폈고 심장은 터질 것처럼 쿵쾅거렸다. 들키면 큰일 난다. 거사를 치르기 전에 절대 누구에게도 들켜선 안 된다.

마침내 작은 불빛들이 반짝이는 방으로 그가 들어섰다. 그리고 육중한 문을 꽉 닫아 잠갔다. 이제 안에서 열어주지 않으면 아무도 이곳에 들어오지 못할 것이다.

올리버 프셰러Oliver Pscherer는 라디오 방송국 Mix 95.0의 새 프로그램 〈모닝 쇼〉의 진행을 맡았다. 오늘이 그가 진행을 하는 첫 시간이었다. 그러나 모두의 예상은 빗나갔다. 그는 자동 재생기를 끄고 자기가 준비한 CD를 꽂았다. CD에는 정확히 두 곡만 있었다. 아바 ABBA의 '댄싱퀸Dancing Queen'과 허먼스 허미츠Herman's Hermits의 '노 밀크 투데이No Milk Today'였다. 이 두 곡만 돌아갔다. 계속 반복해서 말이다! 3시 30분이 되자 누군가 문을 두드렸다.

"문 열어. 지금 당장!"

동료들이 무한 반복되는 음악을 중지시키려고 회사로 달려와 외쳤다. 그러나 스튜디오의 문은 진행자의 신경줄만큼이나 튼튼했다. 그는 계속 그 두 곡을 돌렸다. 무한 반복으로.

그러자 전화가 빗발쳤다. "이게 대체 무슨 일이에요?" 놀란 청취자들이 물었다. 국장은 스튜디오 문 앞에서 길길이 날뛰었다. 대책위원회가 소집되었다. 하지만 아바는 계속해서 '댄싱퀸'을 불렀다. 네 시간 뒤 마침내 소동이 끝났다.

"국장님이 달려 들어와서 나를 끌어냈죠. 엄청 화가 나셨더라고요. 국장실이 무슨 경찰서 같았어요."

올리버는 그날을 이렇게 기억한다. 국장은 그에게 휴직을 명령했다. 그는 왜 그런 짓을 했을까? 천편일률적인 방송에 신물이 났기 때문이었다. 라디오 주파수를 어디에 맞추든지 똑같은 노래가 나왔다. 진행자에겐 선곡의 권리가 없었다. 시키는 대로, 써주는 대로 읽기만 하면 되었다. 올리버는 바로 그런 사실을 환기시키고 싶었다.

'내 이야기다!' 이런 생각이 들지 않는가? 현대인의 삶도 천편일률이다. 남이 써주는 대로 읽으면 된다. 학교에선 선생님이, 집에선 부모님이, 직장에선 상사가, 일상에선 친구와 이웃이. 우리는 똑같은 베스트셀러를 읽고 똑같은 상표의 옷을 입고 똑같은 개그에 웃고 똑같은 노래에 환호하며 똑같은 검색엔진을 이용하고 똑같은 소셜네트워크를 얼쩡거리고 똑같은 성공병을 앓는다. TV를 틀어 수백만 명에게 각각의 행복을 약속하는 똑같은 광고를 보며 그 광고가 써보라고 권하는 진통제를 먹고 로션을 바르고 보험을 계약한다.

그러나 행복은 찾아오지 않는다. 저 깊은 곳에선 모두가 이렇게 묻고 있기 때문이다. "이런 삶이 나랑 무슨 관계가 있지?" 이게 아닌데, 발을 잘못 들였는데! 그런 기분으로 사는 사람들이 날로 늘어난다. 독일인 열 명 중 네 명은 삶의 질이 떨어졌다고 대답한다. 분주한 하루 뒤편에서, 미소 짓는 얼굴 뒤편에서, 완벽한 외모 뒤편에서 의미를 잃고 병이 든 영혼의 낭떠러지가 입을 쩍 벌리고 있다. 전 세계적으로 3억 5000만 명이 우울증을 앓는다. 2020년이 되면 우울증이 제2의 국민병이 될 것이라는 세계보건기구의 예측도 나와 있다.

이 소망이 정말 내 것일까?

⋮

내게 상담을 하러 오는 사람들 중 상당수가 인생의 결정을 내릴 때 딱 한 가지 기준으로 판단하곤 한다. "내 경력에 무슨 도움이 될까?" 그들에게는 이것이 만사의 기준이다. 그리고 그 대답에 따라 IT 업계나 철강 업체에 지원서를 내고, 중국에 가거나 아프리카로 떠나고, 경제학을 부전공으로 택하거나 자원봉사를 하러 간다. "내 인생에 무슨 도움이 되느냐?"라고 묻지 않는다. "내 경력에 무슨 도움이 되느냐?"라고만 묻는다. 우리 머릿속 가위는 가게에서 파는 종이 인형만 오려낼 뿐, 나의 진짜 소망은 오려주지 않는다.

결정은 이성이 내리지만 그 대가는 심장에서 흐르는 피다. 우리는 남의 인생을 산다. 내 인생을 놓친다. 당신도 그렇지 않은가? 이제 넌더리가 나지 않는가? 당신의 심장을 쥐어짜는 프로그램에게 인생을 내맡기는 것이?

넌더리가 나지 않는가?

- 진심이 아닌 말을 하는 당신이.
- 말과 다른 생각을 하는 당신이.
- 의욕의 싹을 자르는 일을 하는 당신이.
- 야근으로 녹초가 된 당신이.
- 하고 싶지 않은 다이어트를 하는 당신이.
- 이웃집에 자랑하려고 큰 자동차를 산 당신이.
- 유명 상표가 붙어 있다는 이유만으로 지갑을 탈탈 턴 당신이.
- 만나서 괴로운 사람들에게 둘러싸인 당신이.
- 잘난 척하는 인간들의 말에 귀 기울이는 당신이.
- 사랑하지도 않으면서 헤어지지 못하는 당신이.

"원래 나는 이런 사람이 아냐. 아직 원래의 내가 못 되어서 그렇지." 오스트리아 작가 외덴 폰 호르바트Oden von Horvath는 말했다. 어느 날 당신의 입에서도 저런 말이 나오지 않을까? 당신은 그렇게 살지 말라고 용기를 주고 싶다. 원래의 자신이 되라고! 일찍 서두를수록 좋다. 저 길모퉁이만 돌면 행복이 기다리고 있을 거야! 학교를 졸업하면, 취직을 하면, 결혼을 하면……. 그렇게 미루기만 하는 사람에게 행복은 미하엘 엔데Michael Ende의 소설 《짐 크노프Jim Knopf》에 등장하는 투르투르 거인과 같다. 가까이 다가갈수록 작아지다가 결국 흔적도 없이 사라지고 만다.

그리스 델피 신전에는 이런 문구가 새겨져 있었다고 한다. "너 자신을 알라!" 이 말을 인생의 길잡이로 삼아라. 자신이 누구이며 어디로 가고 싶은지를 알아야 인생의 열차를 올바른 길로 몰고 갈 수 있다. 더불어 항상 조심하고 캐물어야 한다. "이 소망이 정말 내 것일까? 혹시 다른 누군가의 속삭임이 아니었을까?" 우리가 우리 것이라고 믿는 수많은 꿈과 기대는 알고 보면 남의 목소리가 우리 머리를 떠돌며 일으키는 메아리인 경우가 많다. 한 번 실패하면 세상이 끝장난다고 누가 말하는가? 스티븐 호킹의 머리에 제니퍼 로페즈의 엉덩이(바뀌면 큰일 난다!) 정도는 되어야 괜찮은 배우자라고 누가 이야기하는가? 출세하고 재벌이 되어야 행복해질 수 있다고 누가 말하는가? 그런 소망이 남들의 속삭임이라는 것을 간파하고 진짜 내 마음의 소망을 찾아내야 한다. 그래야만 당신의 인생 열차는 진짜 목적지를 향해 우렁차게 기적을 울리며 출발할 수 있을 것이다.

그건 그렇고 우리의 올리버는 어떻게 되었을까? 국장님은 너무너무 화가 나서 그를 잘라버리려고 했다. 그런데 청취자들이 이런 현수막을 내걸며 항의했다. "올리를 자르지 마라.""그 나물에 그 밥은 이제 사양한다!" 국장님도 어쩌지 못하고 그 골칫덩어리 진행자를 다시 불러들였다. 심지어 연봉도 인상되었다. 그의 이벤트 덕에 작은 라디오 방송국이 하룻밤 사이 온 나라의 유명 방송국이 되었기 때문이다.

살다 보면 남의 마음에 들려고 허리를 굽힐 때가 있다. 하지만 그래서 돌아오는 것이 무엇인가? 존중과 존경? 위에서 시키는 대로 작가가 써준 대본이나 읽었더라면 올리버는 평생 그렇고 그런 라디오 진행자로 살았을 것이다. 그러나 지금 그는 런던에서 TV 프로듀서로 잘나가고 있다.

당신의 심장이
알려주는 길

대기업 과장인 로자 슈타인바흐(39세)가 살짝 어깨를 웅크린 채 앉아 있다. 두 눈동자는 화재로 타버린 창문처럼 뻥 뚫린 것만 같다. 아무런 감정이 실리지 않은 목소리로 그녀가 말했다.

"승진이 제일 중요하죠."

표정은 가면을 쓴 것 같다. 우리는 그녀의 삶에 대해, 미래의 가능성에 대해 이야기하는 중이었다. 분위기를 바꾸기 위해 내가 물었다.

"이렇게 한번 상상해봅시다. 6개월만 있으면 세상이 멸망해요. 지구의 모든 생물이 죽을 거예요. 그럼 남은 6개월 동안 뭘 할 건가요?"

그녀가 눈을 반짝이며 몸을 내 쪽으로 기울였다.

"직장에서요?"

"아니요. 전반적으로요."

로자는 오른쪽 팔꿈치를 탁자에 올리고 턱을 고였다. 그러고는 천장에 대답이 적혀 있는 것처럼 위를 올려다보았다. 얼굴 근육이 움칠거리는 것으로 보아 아마 심각하게 고민을 하는 것 같았다. 벽시계 소리가 들릴 정도로 사위가 고요했다. 한참 후 그녀가 다시 시선을 내 쪽으로 돌렸다.

"아마 사표를 내고 남자친구에게 이별을 통보하고 세계일주를 할 것 같아요. 제일 먼저 스카이다이빙을 하고 싶어요. 그거 정말 해보고 싶었거든요."

갑자기 그녀의 눈동자에서 빛이 나기 시작했다. 그녀가 신이 나서 말을 이어갔다.

"이런 정장은 벗어던지고 청바지에 티셔츠만 입을 거예요. 아버지하고도 화해하고 싶어요. 그동안 사이가 정말 안 좋았거든요. 집주인한테는 당장 방 뺀다고 말할 거예요. 정말 지긋지긋한 인간이라니까요. 집주인이라고 얼마나 부당하게 굴던지. 갈 데 없으면 호텔이라도 가면 되죠."

그녀가 자세를 똑바로 고쳐 앉았다. 손짓이 요란해졌다. 웃음도 많아졌다. 나는 홀린 듯 그녀의 말에 귀를 기울였다. 무생물 같던 사람이 갑자기 힘이 펄펄 나는 사람으로 변신했다.

내 삶의 변화를 몰고 올 도화선

⋮

나는 이런 장면을 자주 목격한다. 사람들은 누구든지 자신이 진짜 하고 싶은 일을 이야기할 때 빛이 난다. 그러나 세상이 주입시킨 생각을 그냥 입으로 옮길 땐 그 빛이 꺼진다. 말을 듣다 보니 로자의 승진 욕심은 아버지로부터 물려받은 것이었다. 아버지는 평생 귀에 못이 박히도록 이런 말을 되풀이했다. "출세를 해야 해!"

MBA를 딴 잘나가는 남자친구도 늘 같은 소리를 한다. "무슨 수를 쓰더라도 승진을 해야 해!" 그녀의 소망은 그 산더미 같은 기대에 파묻혀버렸다. 그 기대의 독이 무의식까지 잠식해버렸다.

구글에 들어가 제네바를 검색할 수 없던 그 옛날에도 철학자 장자크 루소Jean Jacques Rousseau는 사회의 강제가 개인을 얼마나 잠식할 수 있는지 잘 알았다. 그래서 그는 이런 말을 했다. "모든 사람이 같은 틀에 억지로 끼워 맞춰진 것 같다. 예의범절은 딱 정해진 것만 명령한다. 그래서 사람들은 관습을 따를 뿐 창조력을 따르지 않는다. 이런 계속되는 강제 탓에 사회라 불리는 무리를 형성한 사람들은 같은 상황에서 모두 같은 행동을 한다."

우리는 그런 무리의 시대, 군중의 시대를 산다. 독일인의 91퍼센트가 인생을 즐겨야 한다고 생각한다. 그러나 모든 것을 다 잊고 정말로 행복할 수 있는 순간이 있다고 대답한 사람은 15퍼센트에 불과하다. 자기 결정권은 '같은 상황에서 같은 행동을 하는 것'이 아니다. 자신의 행동, 자신에게 맞는 행동, 자신에게 행복을 안겨주는 행동을 하는 것이다.

내가 로자에게 던진 질문의 대답을 찾는 순간 당신에게도 그 길이 열릴 것이다. 당신의 심장이 그 길을 알려줄 것이다. 자, 이제 당신 자신에게 물어보자.

6개월 후에 세상이 멸망한다면 남은 시간 동안 무엇을 하겠습니까?

당신은 6개월이라는 길고 귀한 시간을 어떻게 보내겠는가? 당신의 인생에서 정말로 중요한 것은 무엇인가? 자신에게 이렇게 물어보라.

- 직장에서 더 하고 싶은 일이 있는가?
- 어떤 사랑을 하고 싶은가?
- 어떤 사람을 만나고 싶은가?
- 어떤 나라에 가보고 싶은가?
- 하고 싶은 취미 생활은 무엇인가?
- 어떤 책을 더 읽고 싶은가?
- 어떤 말을 하고 싶은가?
- 어떤 계획을 세우고 싶은가?
- 그동안 못했던 일 중에서 꼭 하고 싶은 일은 무엇인가?

"우리 부장님 마음에 들기 위해서 야근을 많이 많이 하고 싶어요"라고 대답할 사람은 아마 없을 것이다. "큰 차 샀다고 자랑하는 친구 샘나게 얼른 돈 벌어서 더 큰 차를 살 거예요"라거나 "얼굴을 싹 뜯어 고칠 거예요"라고 대답할 사람도 없을 것이다.

신발에 묻은 개똥처럼 우리 몸에 달라붙어 있던 그런 군중의 소망은 저기서 삶의 끝이 고개를 내밀자마자 진실한 마음의 소망에게 자리를 내줄 것이다. 당신의 마음속 스포트라이트는 내면을 향할 것이다. 당신의 소망, 당신의 동경, 당신의 직관을 향할 것이다. 헤르만 헤세 Hermann Hesse 는 말했다. "나는 내 꿈속에 산다. 다른 사람들도 꿈속에 살지만 자기 꿈이 아니다. 그것이 나와 그들의 차이이다."

당신의 머릿속에서 어떤 이미지가 떠오르는가? 어떤 꿈의 목마가 돌기 시작했는가? 일상에 지쳐 침묵하던 희망이 다시 속삭이기 시작했는가? 철학자 프리드리히 니체 F. W. Nietzsche 는 말했다. "이 세상엔 너 말고는 아무도 갈 수 없는 단 하나의 길이 있다. 그 길이 어디로 향하느냐고? 묻지 말고 걸어라."

로자는 고개를 저으며 말했다.

"그렇지만 세상은 6개월 뒤에도 안 망할 거잖아요. 그러니까 아직 시간이 있어요."

내가 물었다.

"어떻게 아세요? 6개월 뒤에도 당신이 살아 있을 거라고 누가 보장합니까?"

그녀가 이마를 찌푸리며 눈을 갸름하게 떴다.

"그러네요. 보장 못하네요."

그녀는 은퇴를 기다리며 일만 하다가 은퇴를 몇 달 앞두고 심장마비로 세상을 뜬 친척을 떠올렸다. 그리고 세상이 멸망하기를 기다리지 않고 지금 당장 실천하겠다고 결심했다.

일단 스카이다이빙부터 시작하기로 하고 그날 당장 예약을 하겠다고 했다. 아버지와도 화해를 하고 남자친구와의 관계도 고민해보기로 했으며 집도 새로 구할 것이라고 했다. 1순위로 꼽았던 출세는 갑자기 맨 꼴찌로 밀려났다. 이제 곧 끝이라도 생각하니 순서가 완전히 뒤바뀌었다.

당신의 우선순위는 어떻게 바뀔까? 죽음이 다가온다면 어떤 것부터 하겠는가? 찬찬히 따져보고 종이에 적어보기도 해라. 때로는 상징적인 행동 하나가 삶의 변화를 몰고 올 도화선이 될 수도 있다. 로자의 경우 스카이다이빙이 바로 그런 행동이었다. 헤어지면서 악수를 나누는 그녀의 눈에는 여전히 빛이 반짝거렸다.

??
Think Different

예의범절이 시키는 대로만 행동하는 사람은 예의가 없다. 자신의 소망에게 예의가 없기 때문이다.

오늘이 내 생의 마지막 날이라면

2005년 6월 12일 한 유명인이 스탠퍼드대학교 졸업식에서 연설을 했다. 세계적인 기업의 창립자이자 어마어마한 부자인 그는 한마디로 아메리칸 드림의 화신이었다. 부모가 결혼을 못한 채 헤어졌기 때문에 태어나자마자 다른 가정에 입양되었고 대학도 중퇴했지만 결국 세계 최고의 기업을 일군 입지전적 인물이 되었으니 말이다.

학생들은 장애물을 뛰어넘고 영웅이 된 접시닦이의 전형적인 성공 스토리를 예상했다. "난 해냈어. 너희들도 할 수 있을 거야!" 뭐 그런 식의 따분한 연설 말이다. 그러나 그의 입에서 나온 말은 그런 것이 아니었다. 그는 명예나 돈이 아니라 자신의 마음을 따르는 기술을 이야기했다. 그리고 그 마음을 따르기 위해 그는 정말로 의외의 친구를 추천했다. 바로 자신의 죽음이었다. 이제는 세계적으로 유명해진 그의 그 명연설 일부를 직접 들어보자.

"열일곱 살 때 이런 구절을 읽은 적이 있습니다. '오늘이 마지막 날이라는 생각으로 하루 하루를 살아라. 그러면 언젠가는 제대로 될 것이다.' 이 말은 저에게 강한 인상을 남겼습니다. 그날 이후 33년 동안 저는 매일 아침 거울을 보면서 자신에게 물었습니다. '오늘이 내 생의 마지막 날이라고 해도 오늘 하려고 했던 일을 할 거야?' 여러 날 잇따라 'No'라는 대답이 나올 때는 뭔가 바꿀 필요가 있다고 생각했습니다. 제 경험에 따르면 중요한 결정을 내릴 때는 내가 곧 죽을 것이라고 생각하는 게 가장 큰 도움이 됩니다. 외부의 기대, 온갖 자존심, 당황하거나 실패할까 봐 두려워하는 마음, 이런 모든 것은 죽음 앞에서 떨어져 나가고 진정으로 중요한 것만 남기 때문입니다. 죽는다는 사실을 생각하는 것이야말로 뭔가를 잃을까 봐 두려워하는 함정에서 벗어날 수 있는 가장 좋은 방법입니다. 이미 발가벗겨졌다면 마음이 내키는 대로 따르지 않을 이유가 없습니다."

나쁜 소식이 있다. 이 연설을 마치고 6년 후인 2011년 10월 5일 그는 암으로 세상을 떠났다. 좋은 소식이 있다. 죽기 전까지 그는 진정한 삶을 살았다. 마음이 시키는 대로 살았기 때문이다. 그의 이름은 애플의 창립자 스티브 잡스Steve Jobs이다.

하루 몇 번이나
"해야 한다"라는
말을 하는가

내 말에 동료는 하마터면 샴페인 잔을 떨어뜨릴 뻔했다.

"말도 안 돼."

그가 큰 소리로 외쳤다. 행사장에 온 다른 손님들이 놀라서 우리 쪽으로 고개를 돌렸다. 동료는 도저히 못 믿겠다는 듯 다시 물었다.

"정말 스마트폰이 없어?"

"휴대전화가 아예 없어."

내가 대답했다. 그의 눈알이 샴페인 잔 안으로 들어가기라도 할 듯 앞으로 튀어나왔다.

"말도 안 돼. 넌 잘나가는 컨설턴트에다 작가잖아. 언제 어디서든 연락이 되어야지."

나는 내 샴페인 잔을 홀짝이며 물었다.

"누가 그래? 꼭 그래야 한다고?"

"요즘 세상에 휴대전화도 없이 일을 하겠다는 사람이 어디 있어?"

그는 자기 말을 입증이라도 하듯 탁자에 놓인 자신의 아이폰을 집게손가락으로 톡 쳤다.

"없어도 아무 문제없어."

내가 대꾸했다.

"시대를 따라가야지."

"누가 그래? 내가 따라가야 한다고? 시대가 날 따라와야지."

그의 얼굴이 벌겋게 달아올랐다.

"내가 장담하는데 한번 써보면 안 쓰고는 못 배길걸."

"그래서 안 쓰는 거야."

"요즘엔 애들도 다 휴대전화가 있어."

"내가 애야?"

그가 쓴 약을 삼키듯 샴페인을 꿀꺽 넘겼다.

"도저히 이해가 안 되네."

"없어도 문제없다니까. 아니 없는 게 더 좋아. 남들이 뭐라고 하는 건 중요하지 않아. 게다가……."

그 순간 벨이 울렸다. 대화는 거기서 끝났다. 이런, "휴대전화가 없으면 안 돼"라는 그의 신념이 왜 잘못되었는지 설명해주고 싶었는데…….

'반드시'의 덫에서 발을 뺀다는 것

왜 내가 지금 이 이야기를 할까? 당신에게 이 말을 해주고 싶기 때문이다. 누가 이런저런 것을 "반드시 해야 한다"라고 말할 때는 "반드시"라는 말 뒤에 의문 부호를 찍어봐야 한다. 세상 사람들이 다 그래야 한다고 말하더라도, 아니 그럴수록 더더욱 과연 정말 그런지 물어봐야 한다. 독일의 작가 레싱G. E. Lessing이 쓴 《현자 나탄 Nathan der Weise》에는 이런 글이 있다. "이 세상에 반드시 해야 할 일은 없다."

당신의 입에서 나오는 말들은 어떤가? 하루 몇 번이나 "해야 한다"라는 말을 입에 올릴까? 당신은 이런 말을 몇 번이나 했나?

- 항상 남의 말에 귀를 열어야지.
- 다이어트를 해야지.
- 애들을 잘 보고 있어야지.
- 부장님이 전화할지 모르니까 퇴근 후에도 휴대전화는 꼭 켜놔야지.
- 메일은 수시로 체크해야지.
- 친구가 이사를 하면 도와줘야지.
- 정리정돈을 잘 해야지.

그렇지 않다. 안 해도 된다. 할지 안 할지는 당신의 결정이다. 선택이 없으면 자유도 없다.

남이 시켜서 마지못해 일으킨 마음은 뒤에서 때리던 채찍이, 코앞에서 흔들거리던 당근이 사라지면 동시에 죽어버린다. 자기 마음에서 우러나온 행동만이 에너지를 끌어올려 꾸준히 앞으로 달릴 수 있다. 앞에서 말한 그 어떤 일이든 당신이 결정하기 나름이다. 물론 모든 결정에는 대가가 따른다. 그 점을 잊지 말아야 한다. 메일이 도착했다는 신호가 울릴 때마다 곧바로 메일을 확인하지 않아도 된다. 하루에 딱 두 번만 하기로 결심할 수도 있다. 연구 결과로도 밝혀졌듯 계속되는 메일 체크는 집중력과 일의 효율을 떨어뜨린다.

물론 5분이 지나도 메일에 답장이 없는 것을 보고 부장님이 구청에 달려가 당신의 사망신고를 할지도 모른다. '이 인간이 일하기 싫군!' 부장님이 그렇게 단정 지을 수도 있다. 하지만 그 시간을 효율적으로 활용하여 남들보다 더 열심히 일할 수도 있다.

친구가 이사를 도와달라고 해도 꼭 도와주지 않아도 된다. 계속되는 야근에 지쳐 주말에는 정말 쉬고 싶다면 당연히 그럴 필요가 없다. 허리를 다쳐 무거운 것을 들면 안 된다면 더더욱 그럴 필요가 없다. 마음은 "No"를 외치는데 입으로 "Yes"를 말하는 것보다 불행한 일은 없다. 그런 사소한 억지 "Yes"가 심각한 우울증을 낳을 수도 있다.

당신에게는 자신의 욕망을 남들의 욕망만큼 소중하게 생각할 권리가 있다. "No"라고 말할 용기와 함께 남들의 당황스러운 표정에도 당당할 수 있는 자존감만 있으면 된다.

휴대전화를 거부한 나의 결정도 예외가 아니다. 그 결정에는 여러 가지 대가가 따른다. 연락하기 힘들다는 항의도 받고 구닥다리 취급도 받는다. 비행기가 연착되어도 나 혼자 안내를 못 받고 일찍 가서 기다린다. 그렇지만 그 대가로 나는 온전히 매 순간을 살 수 있다. 상담할 때는 상담에만, 글을 쓸 때는 글에만 몰두할 수 있다. 지금 하는 일, 지금 마주 앉은 사람에게 100퍼센트의 집중력을 쏟아부을 수 있다.

반드시 해야 하는 일, 하지 않으면 안 되는 일은 없다. 비즈니스라고 해도 마찬가지이다. 독일 대형 마트 알디의 설립자 테오 알브레히트Theo Albrecht도 그랬다. 1993년 우편번호가 네 자리에서 다섯 자리로 바뀌자 직원들이 기존의 편지봉투를 다 버리고 새로 주문하자고 권했다. 하지만 그는 그 위에 줄을 긋고 우편번호를 적어 그대로 썼다. 죽을 때까지, 17년 동안이나.

'반드시'의 덫에서 발을 뺀다는 것은 자신의 색깔을 고백하는 것과 같다. 그 결과 당신과 맞는 사람들은 자석처럼 당신에게 달라붙을 것이고 맞지 않는 사람은 절로 튕겨져 나갈 것이다. 메일을 눈앞에 날아온 테니스공처럼 딱딱 체크하지 않는다는 이유만으로 당신을 구박하는 회사라면 그곳은 당신이 있을 곳이 아니다. 이사를 도와주지 않았다는 이유로 섭섭해서 삐치는 친구라면 어차피 오래갈

사이가 아니다.

　윤곽이 뚜렷할수록 오해도 적다. 나의 경우도 휴대전화에 대한 나의 입장을 인정하는 사람들만 나를 찾는다. 그런 이들이 나와 잘 맞는 고객이고, 그런 고객과의 관계는 오래갈 수밖에 없다.

롤모델은
더 이상
필요 없다!

수학 시험 성적이 나오는 날이었다. 지난 시험도 망쳤는데 이번 시험까지 망치면 큰일이다. 나는 초조한 심정으로 선생님의 호명을 기다렸다. 선생님께서 한 명씩 불러 시험지를 나누어주셨다.

그런데 시험지를 받아든 순간 내 눈을 의심했다. 세상에나! 80점이라니! 좋아서 절로 웃음이 새어나왔다. 예상보다 훨씬 점수가 잘 나왔다. 그러나 기쁨도 잠시, 반 평균이 90점이라는 선생님의 말씀에 나는 다시 기운이 쏙 빠졌다. 그리고 아무렇게나 시험지를 가방에 쑤셔 넣어버렸다.

우리는 참 비교를 좋아하는 동물이다. 항상 오른쪽, 왼쪽을 기웃거리며 친구와, 동료와, 이웃과 비교한다. 누가 연봉이 더 높은가? 누구 집 평수가 더 큰가? 누구 차가 더 비싼가? 누가 페이스북 팔로워가 더 많은가? 사촌이 땅을 사면 배가 아프다는 말이 괜히 나왔겠는가? 외계인의 존재가 밝혀지면 우리는 아마 외계인하고도 비교를 할 것이다. 그래서 철학자 키에르케고르S. A. Kierkegaard는 말했다. "비교는 행복의 끝이요, 불만의 시작이다." 왜 그럴까? 아무리 높은 자리에 올라도 세상엔 나보다 더 높은 곳에 또 누군가가 있기 때문이다.

- 당신의 연봉이 아무리 높아도 축구선수 리오넬 메시와 비교하면 굶어죽기 딱 좋은 푼돈이다.
- 당신이 아무리 날씬해도 유명 모델과 비교하면 살이 뒤룩뒤룩 찐 돼지이다.
- 당신의 집이 아무리 커도 마이클 잭슨이 살았다는 집과 비교하면 겨우 기어 들어가고 기어 나오는 움막이다.
- 당신의 연주 실력이 아무리 뛰어나도 쇼팽 콩쿠르에서 입상한 조성진과 비교하면 듣기 싫은 소음이다.

남과 비교할 것인가, 나 자신과 비교할 것인가

비교가 유익할 때도 있다. 시선을 아래로 향해 나보다 못한 사람을 쳐다볼 때이다. 실제 실험 결과를 보면 암 환자들이 가장 슬퍼하는 때는 건강한 사람과 자신을 비교할 때라고 한다. 반면 자신보다 상태가 더 안 좋은 사람과 비교를 할 때는 눈에 띄게 기분이 좋아졌다.

하지만 우리는 능률을 따지는 세상에 살면서 항상 제일 잘나가는 사람, 제일 건강한 사람, 제일 돈 많은 사람과 자신을 비교한다. 주변에서도 쉬지 않고 잘나가는 이들을 롤모델로 삼으라며 코앞으로 들이민다. 부모님은 공부 잘하는 옆집 아들을 칭찬하고, 부장님은 야근을 밥 먹듯 하면서도 불만이 전혀 없는 동료를 칭찬한다. 부부 싸움 열에 열 하나는 이런 말로 시작된다.

"옆집 남편은 돈도 잘 버는데 집안일도 잘 도와준다더라."

비교는 나를 내가 아닌 다른 사람으로 만들려는 노력이다. 자기계발서들은 하나같이 이렇게 외친다. "롤모델을 찾아라!" 마돈나처럼 섹시하라고, 스티븐 호킹처럼 똑똑해지라고, 교황님처럼 겸손해지라고, 찰리 채플린처럼 웃겨보라고 외친다. 그러나 이런 롤모델의 등불은 너무 높은 곳에 걸려 있다. 당신은 마돈나처럼 섹시할 수 없다. 찰리 채플린처럼 웃길 수 없다. 당신은 마돈나가 아니고 채플린이 아니기 때문이다. 당신은 당신이다. 그리고 당신의 스타는 당신 안에서만 빛날 수 있다. 독일 시인 빌헬름 부쉬 Wilhelm Busch는 말했다. "남의 발자국을 따라가면 아무 발자국도 남기지 못한다."

밖을 향한 눈을 안으로 돌려라. 당신이 감탄한 남들의 장점은 당신에게도 숨어 있다. 유일하게 필요한 비교는 자신과의 비교이다. 당신에게도 모범적으로 행동했던 때가, 정말 마음에 쏙 들었던 시간이 있었을 것이다. 그 시간을 비교의 출발점으로 삼으면 된다.

수학 시험 성적이 나오던 날의 나 역시 지난번의 내 성적과 비교했더라면 기분 좋게 집으로 달려가 자랑했을 것이다. 그러나 나는 우리 사회가 그러하듯 남들과 비교했다. 그래서 성공을 거두고도 패배했다고 느꼈다.

미리 쓰는 나의 장례식 추도사

당신은 이제 이 세상 사람이 아니다. 그래서 사랑했던 자신을 위해 추도사를 쓰고 싶다. 당신이 어떤 사람이었고 무슨 생각을 했으며 어떤 삶을 살았는지 남들에게 알리고 싶다. 짤막하게나마 당신의 삶을 소개해보자.

_____

_____

_____

_____

_____

_____

_____

_____

_____

_____

_____

3

죄책감 들여다보기

간절히 원해도
안 되는 일이 있다

오늘도
자신을 탓하기 바쁜
그대에게

소파에 누워 달콤한 낮잠을 자보자. 식사를 하면서 비싼 와인 한 잔을 곁들여보자. 서가에 꽂힌 책을 쭉 훑어보자. 당신이 난 도저히 못하겠다고 지레 두 손 들까 봐 겁이 난다. 왜 못할까? 어디를 가나 따라다니는 동행 때문이다. 수많은 현대인이 도무지 떼어놓지 못하는 동행, 그것은 바로 죄책감이다. 소파에 누워 있으면 그 녀석이 난리를 피운다. "훤한 대낮에 이 무슨 게으른 짓이야. 나가서 조깅이라도 해." 식사 중에 와인 한 잔을 떠올리면 그 녀석이 한마디 한다. "안 그래도 살이 쪄서 죽겠다고 하면서 꼭 술을 마셔야겠어?" 서가를 훑고 있으면 녀석이 또 끼어든다. "책 좀 읽어. 전부 안 읽은 책밖에 없잖아."

우리는 있는 그대로의 우리를 받아들이지 못한다. 머릿속에서는 항상 쉬지 않고 몰아치는 채찍질 소리가 시끄럽게 웅웅거린다. 모두가 외친다. 더 많은 성과, 더 많은 섹스, 더 많은 정보, 더 많은 휴식, 더 많은 창의력과 더 많은 행복, 더 많은 건강과 더 많은 돈을!

인생은 '불완전한 나의 최적화'라는 목표를 향해 매진하는 프로젝트가 되어버렸다. 부모님과 선생님이 못 다 이룬 것을 우리가 열정을 불태워 완성시켜야 한다. 분야를 가리지 않고 무조건 1등만 하고 싶다. 그러다 보니 이루어야 할, 해야 할 일의 리스트가 백과사전만큼이나 두껍다.

- 매일 빠지지 않고 운동을 해야 해!
- 무슨 일을 하건 끈기가 있어야지!
- 근면성실해야 해!
- 스트레스는 그때그때 풀어야 해!
- 탄수화물은 조금만 먹어야 해!
- 스마트폰은 조금만 봐야 해!
- 돈을 많이 벌어야 해!
- 승진해야 해!

한 번이라도 실패를 하면, 스트레스를 안 풀고 내버려두면, 조깅을 안 하고 스마트폰을 들여다보면, 정리정돈을 안 해서 방이 엉망이면 언제 왔는지 소리 없이 녀석이 와 있다. 그놈의 죄책감이. 자책은 사정없이 채찍을 휘두른다. '왜 그렇게 빨리 포기했어? 인간이 성실하지 못해서 큰일이야. 게을러빠졌어!'

우리는 항상 자신에게서 문제를 찾는다. 자신을 탓하기 바빠서 우리에게 쏟아지는 요구가 과도하다는 생각은 하지 못한다. 우리는 다른 방향으로 달리는 두 마리 말에게 양손이 묶인 노예와 같다. 말들은 각기 제 방향을 향해 돌진하고, 우리는 결국 그 가운데에서 몸이 찢겨 죽을 수밖에 없다.

- 밤 9시까지 책상에 앉아 있으면 양심의 가책이 노크를 한다. "이렇게 살면 안 돼. 일중독이야." 하지만 6시에 칼퇴근을 해도 양심의 가책이 고개를 들이민다. "이래서 내년에 승진하겠어?"
- 초콜릿으로 손이 가면 양심의 가책이 한마디 던진다. "단 것 좀 그만 먹어. 살찐다니까." 현미밥을 먹고 있어도 양심의 가책이 한 말씀 거드신다. "그 맛도 없는 것을 먹고 있냐? 인생 얼마나 산다고. 좀 즐겨!"
- 일요일 10시까지 침대에 누워 있으면 양심의 가책이 슬금슬금 다가온다. "운동 좀 해! 그렇게 게을러서야." 그런데 새벽 6시에 공원을 달려도 여전히 똑같은 목소리가 충고를 날린다. "아이고, 좀 슬슬 해. 너무 그렇게 열심히 살면 스트레스 받아."

완벽한 행복은 없다

우리는 이루지 못할 것을 바란다. 여성들은 드라마에서 나오는 백마 탄 왕자님을 꿈꾼다. 적어도 대학은 졸업해야 하고 대기업에 다니며 외모도 준수하고 남성미가 줄줄 흐르면서도 가정적인 남자를 꿈꾼다. 남성들도 마찬가지다. 완벽한 몸매에 좋은 대학 나오고 돈도 잘 벌면서 "싫다"라는 말을 아예 할 줄 모르고 음식도 잘하고 아이도 잘 키우는 순종적인 여자를 원한다.

하지만 누가 사랑이 학력의 문제라고 말하는가? 몸매가 좋아야 예쁜 여자라고 누가 말하는가? 행복을 방해하는 비현실적인 요구가 행복을 불러오는 현실적인 요구보다 더 낫다고 과연 누가 말하는가?

수많은 아버지들이 야근을 밥 먹듯이 하면서 동시에 좋은 남편, 좋은 아빠가 되지 못한다며 괴로워한다. 그들에게 직장과 가정은 반드시 우승해야 하는 프로스포츠 종목이다. 한 손에는 '올해의 최우수 사원'이라 적힌 트로피를 들고 승진과 인금 인상과 사장님의 칭찬을 노려야 하지만 또 한 손에는 '올해의 가장'이라 적힌 트로피를 들고 아내와 자식들을 향한 뜨거운 사랑을 불태워야 한다.

두 가지 목표를 동시에 달성할 수 없는 것은 당연하다. 그런데 그들은 목표를 바꾸려고 하지 않는다. 오히려 기어를 한 단계 더 올린다. 자정까지 회사에 남아 일을 마치고, 캠핑카를 장만하여 주말마다 새벽같이 캠핑을 떠난다. '아, 이렇게 살면 안 되겠구나!' 하는 생각이 드는 것은 중환자실에서 깨어나 심장마비로 쓰러졌었다는 의사의 말을 듣고 나서이다.

누가 말하는가? 승진과 연봉과 노동 시간이 성공의 척도라고. 누가 말하는가? 최고의 아빠는 초시계로 아이들과 놀아주는 시간을 측정해서 뽑아야 하며 최고의 휴가는 자동차 주행거리에 따라 판단해야 한다고. 왜 모든 것이 경쟁이 되어버렸을까? 시간과의 경쟁, 남들과의 경쟁, 자신과의 경쟁 말이다.

우리는 완벽한 행복을 꿈꾼다. 그러나 오스카상을 수상한 영국 배우 피터 유스티노프Peter Ustinov는 말했다. "행복이 불완전할 때 나는 특히 더 행복하다. 완전함은 개성이 없기 때문이다." 우리는 부모의 요구, 사회의 요구, 기업의 마케팅에서 헤어나오지 못한다. 완벽함을 꿈꾼 결과 열 명 중 여섯 명이 불만과 불행을 느낀다. 예전보다 훨씬 돈이 많고 더 큰 집에서 살며 더 학력이 높아졌음에도 우리는 예전보다 훨씬 더 불행하다.

행복은 새를 닮았다. 억지로 잡으려고 하면 달아난다.

지금 이 자리에서
행복해지기 위해
필요한 것

30대 중반, 예술가 타입의 남자가 내 앞에 앉아 있었다. 유명한 건축 회사에서 밥벌이를 한다는 건축사 페터 클라인이었다. 왜 나를 찾아왔느냐는 질문에 그는 이렇게 대답했다.

"만족스러운 인생을 살고 싶어서요. 지금 저는 제 인생이 불만스럽거든요. 늘 불안하고 기분이 안 좋아요."

내가 물었다.

"제가 소원을 한 가지 이루어줄 수 있다고 가정합시다. 어떤 점을 바꾸면 지금보다 만족할 수 있을까요?"

"비서가 필요해요. 회사에 잡무가 무지막지하거든요. 그런 쓸데 없는 일을 하느라 본업에 신경을 쓸 수가 없어요. 도무지 설계를 못 하겠다니까요."

"그럼 비서만 있으면 만족하시겠어요?"

"아니죠. 공모전에 작품을 내서 상을 받아야죠. 그래야 업계에 이름이 날 테니까요."

"유명인이 되면 뭐가 달라질까요?"

"독립해서 사무실을 차리겠죠."

"이해합니다. 독립을 하면 아무래도 만족도가 높아지겠죠."

그는 고개를 저었다.

"사실 그게 진짜 목표는 아니에요. 돈을 더 많이 벌어야 해요."

"돈을 많이 벌면 뭐가 하고 싶은데요?"

"집도 짓고 약혼녀랑 결혼도 하고 싶어요."

나는 한숨을 쉬었다.

"아이도 낳고요?"

"그렇죠. 바로 그거예요."

그가 환하게 웃으며 나를 쳐다보았다. 나는 숨을 깊게 들이쉬었다.

"대체 언제 그렇게 결심했나요? 이렇게 불행하자고 말이죠."

페터가 눈을 동그랗게 뜨고 나를 쳐다보았다. 나는 우리 모두가
아는 메커니즘을 설명했다. 지금 이 자리에서 행복해지면 될 것을
우리는 굳이 행복을 이런저런 조건과 연관시킨다. 위대한 사랑을
찾아야, 아이를 낳아야, 소설을 써야, 회사를 세워야, 다이어트에
성공해야, 상을 받아야, 돈을 벌어야만 완벽해지는 인생을 꿈꾼다.
하지만 그 조건이 다 채워지고 나면 새삼 깨닫게 된다. 우리는 전과
다를 것이 없는 사람이라는 것을.

"인간은 스스로 결심한 만큼 행복하다."

로또 당첨자들을 대상으로 설문조사를 했더니 행복의 곡선이 단 기간 상승했다가 금방 원래의 수준으로 되돌아왔다고 한다. 그러니 까 로또에 당첨되기 전에 세상만사를 원망하던 투덜이는 돈벼락을 맞아도 여전히 투덜이라는 것이다. 그것이 세상사의 이치다.

로또 당첨자들에게 소망이 무엇이냐고 물었더니 세계일주가 두 번째 순위를 차지했다. 그러나 설문조사에 응답한 열네 명의 당첨 자 중에서 실제로 가방을 꾸려 여행을 떠난 사람은 단 한 사람도 없 었다. 조건은 자신을 속이는 한 가지 방식에 불과했던 것이다.

당신은 어떤가? 아래 문장을 끝까지 완성해보자.

내가 행복하기 위해 필요한 것은······

1. _____

2. _____

3. _____

4. _____

5. _____

무엇이 필요하다고 적었는가? 인격 수양? 성공? 사랑? 건강? 로또? 학업? 승진? 이제 연필이나 볼펜을 집어들고 이 단어들을 전부 싹 지워버려라. 알아볼 수 없도록 두껍고 진하게! 행복의 조건은 딱 하나밖에 없다. 당신이 그 행복을 자신에게 허락하기만 하면 된다. 수천 개의 걸림돌을 쌓지 말고, 수천 년의 시간을 기다릴 것 없이 지금 당장! 미국 대통령 에이브러햄 링컨Abraham Lincoln은 말했다. "인간은 스스로 결심한 만큼 행복하다." 행복이란 혈압계로 잴 수 있는 객관적 상태가 아니다. 스스로가 만들어내거나 지울 수 있는 주관적 느낌이다.

소원을 다 들어주겠다는 알렉산더 대왕에게 해를 가리지 말라고 했다던 디오게네스를 생각해보라. 철학자 쇼펜하우어Arthur Schopenhauer도 말했다. "행복은 자족하는 자의 것이다. 바깥에 있는 모든 행복의 원천은 그 본성상 불안정하고 믿을 수 없으며 유한하고 우연적이기 때문이다." 행복을 외부의 조건에서 찾는 사람은 이길 수 없는 용과 싸우는 전사이다. 머리를 하나 자르면 또 머리가 생긴다. 로또에 당첨되어도 누가 그 돈을 훔쳐 갈까 봐 불안할 것이고, 그래서 그 돈을 안전하게 은행에 넣어두면 이번에는 은행이 망할까 봐 불안할 것이다.

상담을 마칠 시간이 되자 나는 페터에게 한 가지 숙제를 내주었다.

"매일 한 시간 동안 클라인 씨가 내걸었던 만족의 조건이 다 충족되었다고 생각하고 행동해보세요. 이미 목표에 도달한 것처럼 생각하고 느끼고 행동하는 겁니다. 더 이상 욕심낼 조건이 없으므로 지금 현재를 온전히 살아보는 것이지요. 그런 상태에서 자신을 잘 관찰해보세요."

넉 달 후 청첩장이 도착했다. 페터가 직접 만든 카드였다. 카드를 접으면 예쁜 집이 되었다. 그는 나를 결혼식에 초대했다. 결혼을 하기 위해 굳이 올해의 건축가가 되지 않아도 된다는 사실을 깨달은 모양이었다. 조건 없이 자기 심장의 소리를 들을 수 있게 된 그에게 나는 진심으로 축하 인사를 건네리라 마음먹었다.

당신은
할 만큼
했다

우리가 사는 세상에는 무한한 가능성이 넘친다고 한다. 거지도 백만장자가 될 수 있고 왕따도 일류 모델이 될 수 있으며 접시닦이도 축구 스타가 될 수 있다고 한다. TV에서도, 광고에서도, 강연장에서도 모두가 이렇게 성공의 가능성을 큰 소리로 외친다.

하지만 정말 누구나 모든 것을 이룰 수 있다면 정반대의 결론도 가능하다. 성공하지 못한다면 다 제 탓이며 다 실패한 인생인 것이다. 세계화와 더불어 가능성의 숫자가 늘어나는 만큼 실패할 수 있는 가능성의 숫자도 함께 늘어난다. 대기업의 뉴욕 지사로 파견되어 승승장구하지 못하고 평생 소도시에서 썩으면 실패한 인생이다. 백만장자가 못 되고 여전히 피자 배달이나 하고 있다면 실패한 인생이다. 근육질 몸매를 위해 단호하게 굶지 못하고 오늘도 야식을 먹었다면 실패한 인생이다.

왜? 성공의 증거를 도처에서 확인하기 때문이다. 독일 전 총리

게르하르트 슈뢰더Gerhard Schroder는 파출부의 아들이다. 마이크 앞에서 노래 한 곡 부르고 곧바로 슈퍼스타가 된 10대들도 수두룩하다. 낫겠다는 의지 하나만으로 새 생명을 되찾은 암 환자들은 또 얼마나 많은가? 회사에서 승승장구하면서 아이를 셋이나 잘 키운 엄마들은 또 어찌나 많은지 모른다.

모든 것이 가능한 곳에서 불가능은 개인의 적이 된다. 올림포스에 오르지 못한 사람은 부러운 시선으로 이웃의 산봉우리를 올려다보면서 저 꼭대기에서 들리는 비웃음을 들어야 한다. "우리를 좀봐. 너는 왜 못해? 뭘 잘못했어?" 직장일과 가사일에 치여 늘 허둥거리는 워킹맘, 아직 결혼도 못한 싱글은 무릎을 치며 깨달음을 얻는다. "그래. 내가 문제야. 내가 간절하게 바라지 않았기 때문이야. 조금 더 힘을 내야 해!"

이런 마법의 생각들이 우리 사회에 널리 퍼져나간다. 하지만 정말 그럴까? 의지만 있으면 산도 움직일 수 있을까? 간절히 바라면 우주가 도와줄까?

노력만 하면 다 되는 것인가

그렇지 않다. 모든 의지가 실현되는 것은 아니다. 수학적으로 계산만 해봐도 쉽게 입증된다. 수상이 된 파출부의 아들이 한 명이라면 학력이 낮아 평생 형편없는 월급을 받아야 하는 파출부의 아들은 수십만 명이다. 백만장자가 된 접시닦이가 한 명이면 부자가 되지 못한 접시닦이는 수십만 명이다. 팝스타가 한 명이면 노래방 콘서트로 만족해야 하는 아마추어 가수는 수십만 명이다.

그런데도 사람들은 "불가능이란 없다"라고 외친다. "간절히 바라기만 하면 된다"라고 소리친다. 오히려 그 간절한 바람이 역효과를 낳기도 하는데 말이다. 살다 보면 인생은 그리스 신화와 같다는 생각이 들 때도 있다. 운명은 우리를 따라잡고야 만다. 결국 오이디푸스는 델피의 신탁대로 아버지를 죽이고 어머니와 결혼했다. 신탁을 거부하려고 그렇게 발버둥을 쳤는데도 말이다. 우리 인생에도 길항작용이 통한다. 특정한 방향으로 가려고 애를 쓸수록 반대 방향으로 당신을 끌어가는 힘은 더 커진다. 그래야 한다는 마음의 강요에 우리는 자신도 모르는 사이 저항한다. 그래서 창의력을 발휘하려고 안간힘을 쓰면 머리는 더욱 텅텅 빈다.

하지만 누군들 패자가 되고 싶겠는가? 모두가 달리는 가능성의 마라톤에서 혼자 뒤처져 터덜터덜 걷고 싶은 사람은 어디에도 없다. 그래서 우리는 핑계를 둘러댄다. 내가 아닌 남에게 책임을 떠넘긴다.

- 내가 승진을 못한 것은 상사가 멍청하기 때문이다.
- 내 피부가 안 좋은 것은 이번에 비싼 돈 주고 산 크림이 효과

가 없기 때문이다.

- 내가 다이어트에 실패한 이유는 유전적으로 살이 잘 찌는 체질이기 때문이다.
- 내가 뉴욕 지사로 파견되지 못한 것은 사장님이 인재를 못 알아보기 때문이다.

노력의 효과를 지나치게 강조하여 실패를 조장하는 사회 시스템을 비판해야 할 곳에서 우리는 주변 사람들을 탓하고 자책을 한다. 죄책감을 느끼고 양심의 가책과 싸운다. 결과는 학습된 무기력과 절망이며, 다시 그 결과는 번아웃과 우울증이다.

자신의 요구를 점검할 시간

당신은 자신에게 무엇을 요구하는가? 아래의 일곱 가지 질문에 대답해보자.

- 가능하다면 나는 어떤 사람이 되고 싶은가?
- 가능하다면 나는 어떤 외모를 갖추고 싶은가?
- 가능하다면 내 배우자는 어떤 조건이어야 하는가?
- 가능하다면 나는 어떤 직업을 고르고 싶은가?
- 가능하다면 내 아이들은 어떻게 키우고 싶은가?
- 가능하다면 나는 어느 정도의 돈을 벌고 싶은가?
- 가능하다면 나의 건강은 어느 정도여야 한다고 생각하는가?

이제 이 요구들이 얼마나 바람직하고 현실적인지 점검해보자.

- 이 요구가 내 삶을 더 행복하게 만드나? 아니면 불행하게 만드나? 이 요구가 내 행복에 어떤 영향을 미치나?
- 이 요구가 나의 목표에 도움이 되는가? 아니면 과도한 부담만 안겨주나?
- 실현이 가능한 요구인가? 내 힘으로는 도저히 어쩔 수 없는 요구인가?
- 정말 내 마음에서 우러나온 것들인가? 아니면 세상 사람들이 그렇게 한다니 나도 어쩔 수 없이 따라하는 것인가?
- 이 요구가 없다면 내 삶에서 무엇이 달라질까?

Part 2
Solution

내 마음이 시키는 대로 살기

그 남자는 성 안으로 들어가려고 했다.
무슨 수를 써서라도, 인생에서 가장 중요한 문제를 해결하고 싶었기 때문이다.
하지만 문 앞에서 문지기가 길을 가로막았다. 놈은 한 발짝도 물러서려고 하지 않았다.
이제 어떻게 하지? 남자는 돌아가지 않고 끈기 있게 기다렸다.
며칠, 몇 년, 몇십 년 동안. 숨이 끊어지기 직전 그가 문지기에 물었다.
"왜 나 말고 아무도 들여보내 달라는 사람이 없습니까?" 문지기가 부르짖었다.
"여기는 자네 말고 아무도 들어갈 수가 없어. 이 문은 자네만을 위한 문이었으니까."

오늘부터
내 인생, 내가
결정합니다

4

용기 내는 연습

나는 남을 실망시키며
살기로 했다

나 먼저
생각해도
괜찮다

당신이 로또에 당첨되었다고 상상해보자. 당신은 워낙 마음씨가 고운 사람이라 당첨금을 착한 일에 쓰기로 결심한다. 친구들과 술자리를 가지면 당연히 당신이 쏜다. 길거리에서 구걸하는 사람을 보면 큰돈을 쾌척한다. 누구라도 당신의 집 초인종을 누르고 딱한 사정을 이야기하면 당신은 척척 돈을 내준다.

　내가 장담한다. 수많은 사람들이 당신을 사랑하게 될 것이다. 어느 자리에 가나 서로 당신 옆자리에 앉으려고 싸움이 벌어질 것이다. 온갖 단체와 모임에서 당신에게 회장이 되어달라고 애걸복걸할 것이다. 신문 기자가 알고 기사라도 쓰면 당신의 우체통엔 팬레터가 넘쳐날 것이다. 그러나 어느 날 당첨금이 다 떨어지고 돈을 달라면서 당신에게 왔던 사람들이 빈손으로 돌아가게 된다면 어떻게 될까? 실제로 로또에 당첨된 후 알거지가 된 사람들이 증언을 한다. 돈이 떨어지는 순간 인기도 곤두박질친다고. 돈으로 산 친구는 친

구가 아니다. 착한 행동으로 산 친구도 친구가 아니다. 당신의 영혼
은 탈탈 털릴 것이고 당신의 마음은 가난해질 것이다.

부장님은 당연히 당신을 아낄 것이다. 야근을 밥 먹듯 하고 휴가
도 반납하고 프로젝트란 프로젝트는 혼자 다 맡아서 하는 당신을.

친구들도 당연히 당신을 좋아할 것이다. 남자친구랑 싸울 때마다
전화해서 하소연을 해도 언제나 잘 들어주고 위로해주는 당신을.

남자친구 역시 당연히 당신을 사랑할 것이다. 자신이 필요할 때
만 만날 수 있는 당신을.

일상은 무대가 되고 사람들은 배우가 된다. 심리학자 미하이 칙
센트미하이Mihaly Csikszentmihalyi는 말했다. "사람들은 자기 안에 담긴
것을 행동으로 옮기려 하지 않고 남에게 인정받기 위해 해야 한다
고 생각되는 행동을 한다. 한마디로 진실로 행동하지 않고 과시를
한다."

그러다 어느 날 당신의 감정 잔고가 바닥이 나면 어떻게 될까?
아마 쓰디쓴 순간이 찾아올 것이다. 지금껏 당신에게 쏟아진 애정
은 당신의 선행에 지급된 것이지 당신에게 주어진 것이 아니라는
사실을 깨닫게 될 테니까.

나에게 충실하면 달라지는 것

:

- 여기 일생을 남편에게 헌신하느라 직장도 포기한 아내가 있다. 그 남편이 잘나가는 젊은 여자랑 바람이 나서 집을 나가며 말한다. "당신은 수준이 너무 낮아."
- 여기 과로로 건강을 해친 프로젝트 매니저가 있다. 상사가 그 소식을 듣고 말한다. "프로젝트 매니저가 그렇게 스트레스에 취약해서야 어디 써먹겠어?"
- 여기 자식에게 집까지 사주느라 노후 준비를 제대로 못한 부모가 있다. 그 자식이 부모의 입원 소식을 듣고 말한다. "내가 간병인은 아니잖아?"

참으로 아이러니가 아닐 수 없다. 사랑을 얻기 위해 많은 것을 포기할수록 사랑이라는 원래의 목표로부터 점점 멀어진다. 상대는 당신의 헌신은 항상 샘솟을 테니 굳이 대가를 지불할 이유가 없다고 여긴다. 그러니 이용만 당할 뿐 존중받지 못한다.

자신에게 충실하면 상황이 바뀐다. 자신의 모난 구석도 내보일 수밖에 없다. 내가 납득할 수 없는 남의 기대는 채워줄 수 없다. 당연히 당신은 마냥 편하고 좋은 사람이 아닐 것이다. 모두의 마음에 들지 못할 것이다. 마틴 루터 킹Martin Luther King은 말했다. "굳이 전쟁을 선포하지 않아도 적을 만들 수 있다. 내 생각을 그냥 말하기만 하면 된다.”

그러나 똑같은 방법으로 친구를 만들 수도 있다. 솔직한 당신의 모습을 보고 당신에게 선사한 애정은 당신의 겉모습이 아니라 당신이라는 인간에게 준 선물이다. 진정한 애정과 신뢰는 빵빵한 바지 호주머니를 향하지 않는다. 그 바지를 입은 사람에게로 향하는 것이다.

"날 있는 그대로 받아줘야 해."

어느 날 아침 이탈리아 베로나의 한 공원에서 초등학생들이 벤치에 누워 있던 월드 스타를 발견했다. 지난밤 과음을 했는지 그는 아직 몽롱한 상태였다. 아이들은 비명을 지르며 그를 흔들어 깨웠고 사인을 받고 기념사진을 찍었다. 그의 성공은 27개국에서 인기 차트에 오르며 싱글앨범으로 무려 1000만 장이 팔린 공전의 히트곡으로 시작되었다.

그러나 삶과 예술은 그의 손에서 빠져 달아났다. 매니저는 그에게 선택을 요구했다. "두 가지 길이 있어. 네 마음에 드는 곡만 만들어 발표하거나, 아니면 꾹 참고 남들이 듣고 싶은 곡을 발표하거나. 어떻게 해야 성공할지는 네가 더 잘 알겠지."

처음엔 모든 곡을 그가 직접 작곡했다. 그러다 절반으로 줄었고 나중엔 아예 손도 못 댔다. 그는 팬들의 사랑을 원했다. 성공을 원했다. 어떤 대가를 치르더라도. 그 대가는 자기존중이었다.

그는 마약과 술에서 위안을 찾았다. 차를 몰고 호텔 유리문으로 돌진했고 술에 취한 채 토크쇼에 출연했으며 프로듀서를 모욕하여 스튜디오에서 쫓겨났다. 어찌나 형편없는 곡을 작곡했는지 음반에 실리지도 못했다. 공연장도 텅텅 비었다. 결국 그는 도미니카 공화국으로 날아가 숨었다. 그리고 그곳에서 과속으로 달리던 버스를 추월했다. 그날의 사고는 그의 목숨을 앗아갔다.

그의 이름은 '록 미 아마데우스Rock Me Amadeus'로 유명한 팔코Falco이다. 자신을 포기하지 않았다면 그는 어쩌면 아직 우리 곁에서 노래를 부르고 있을지도 모르겠다. 그의 노래 'America'의 다음 가사를 명심했더라면 말이다.

"날 있는 그대로 받아줘야 해."

"당신은
'너무' 착해서
안 돼."

설계사 나탈리에 쾨르너(27세)는 친절하기로 소문난 사람이다. 동료들의 생일은 꼭 외웠다가 챙기고 고민이 있는 사람에겐 언제라도 상담사가 되어주며 먼저 나서서 커피를 타고 여름휴가는 맨 꼴찌로 간다. 동료들은 울적한 모습의 그녀를 본 적이 없다. 그녀는 늘 환한 미소를 짓는다. 어느 날 중요한 프로젝트가 동료의 손으로 넘어갈 때까지는 그랬다. 그녀가 정말 맡고 싶었던 프로젝트였던 터라 그녀는 부장님께 달려가 이유를 물었다. 그리고 부장님의 입에서 나온 말을 듣고 기가 막힌 나머지 할 말을 잃었다.

"너무 중요한 프로젝트라서 말이야. 그걸 맡기기엔 자네가 너무 착해."

나를 찾아온 그녀는 믿을 수 없다는 듯 물었다.

"너무 착하다니 그게 대체 무슨 말이에요?"

착한 것과 너무 착한 것, 친절과 지나친 친절, 이해심과 천진난

만은 사실 한 끗 차이다. 그래서 소통심리학자 프리데만 슐츠 폰 툰 Friedemann Schulz von Thun은 아무리 긍정적인 가치라도 지나치면 부정적이 될 수 있다고 말했다. 투지가 넘치면 앞뒤를 못 가리는 막무가내가 될 수 있듯 친절도 지나치면 비굴해진다. 상대의 호감을 얻으려는 노력이 오히려 상대의 무시를 불러오는 것이다.

물론 나탈리에의 상사는 그녀의 친절과 착한 심성 덕에 많은 이득을 보았다. 그녀가 나서서 갈등을 중재하고 솔선수범했기에 팀 분위기가 좋아졌다. 하지만 책임이 막중한 업무가 닥치자 그녀의 이런 노력은 오히려 그녀의 적이 되었다. "이 프로젝트를 맡기엔 너무 착하다"라는 말은 "당신이 해낼 수 있을 것이라고 믿지 못하겠다"라는 뜻이다.

나부터 나를 존중해야 하는 이유

부장님의 걱정이 지당하지 않은가? 항상 자신의 이익을 제일 뒷전으로 미루는 직원이 어떻게 문제를 해결하고 프로젝트를 관철시키겠는가? 프로젝트 팀원들은 그녀의 지시를 귀담아 듣지 않고 제멋대로 굴 것이고 클라이언트는 사람 좋은 그녀에게 마구 '갑질'을 해댈 것이다.

너무 친절한 사람은 무시해도 된다는 메시지를 전송한다. 비굴한 태도로 남의 은혜를 사려 한다는 인상을 퍼트린다. 언제나 만면에 띤 미소가 그 증거다. 몇몇 종의 원숭이는 두 가지 상황에서 이빨을 드러낸다고 한다. 하나는 경쟁자를 위협할 때이고, 또 하나는 무기를 내려놓고 항복할 때이다.

우리 인간도 마찬가지이다. 어린 시절에 그런 경험이 없는가? 모욕을 당했을 때, 놀림을 당했을 때 분노하거나 슬퍼하는 대신 어정쩡한 미소를 지었던 경험이? 그 미소로 우리는 강한 적을 내 편으로 만들려고 했다. 그러나 돌아온 것은 정반대의 결과였다. 우리는 무기를 내려놓았고 상대는 우리를 존중하지 않았다.

학창 시절을 한번 돌아보자. 솔직히 너무 착한 여학생, 남학생은 인기가 없다. 선생님 말씀 잘 듣고 공부 열심히 하는 모범생이 더 매력적인가, 아니면 말썽은 좀 피워도 이어폰을 귀에 꽂고 다니며 음악에 미칠 줄도 알고 영화관이나 클럽을 들락거리는 친구가 더 인기가 좋은가? 물론 친절한 친구도 인기가 급상승할 때는 있다. 숙제 베낄 때, 고민 상담할 때 등이다. 그러나 그들에겐 딱 한 가지, 매력이 없다. 안타깝게도 그들이 착한 행동으로 얻고자 하는 것은 바로 그 매력인데, 계획이 실패로 돌아가는 것이다.

이런 게임의 법칙은 평생 동안 계속된다. 너무 친절한 가게 주인은 툭하면 값을 깎아달라는 고객의 성화에 괴롭다. 너무 착한 선생님은 학생들에게 무시를 당한다. 너무 친절한 정치인은 평생 남의 선거전만 지원해주다 끝난다.

이제 당신은 이렇게 항의할지도 모르겠다. 요즘처럼 각박한 세상에 자신의 이익보다 공익을 먼저 생각하는 그런 사람이 꼭 필요하지 않냐고? 그럴 수도 있다. 하지만 남을 먼저 생각하느라 자신의 건강과 행복이 희생된다면?

선행과 친절은 좋은 것이다. 하지만 건강한 균형이 필요하다. 오늘 당신이 커피를 타면 내일은 상대에게 커피를 요구해야 한다. 이번 달에 당신이 휴가를 포기했다면 다음 달엔 당신이 제일 먼저 휴가를 써야 한다.

모든 인간관계에는 위와 아래가 있다. 대화를 나눌 때도 마찬가지이다. 길을 묻는 쪽은 아래이고 길을 가리키는 쪽은 위이다. 건강한 관계에선 위아래가 계속 바뀐다. 하지만 늘 길을 묻기만 한다면 제대로 대접받을 수 없다. 늘 웃는 사람의 미소가 얼마나 값어치가 있겠는가? 늘 칭찬하는 사람의 칭찬이 얼마나 기쁨을 주겠는가? 친절에도 인플레이션 법칙이 통한다. 과유불급이다. 양이 적절해야 한다.

나를 좋아하는 이유, 좋아하지 않는 이유

아래 문장을 끝까지 완성해보자.

우리 상사가 나를 총애하는 이유는

_____

동료들이 나를 좋아하는 이유는

_____

내 연인이 나를 사랑하는 이유는

_____

친구들이 나를 좋아하는 이유는

_____

우리 이웃들이 나를 좋아하는 이유는

_____

우리 가족이 나를 사랑하는 이유는

_____

이제 이 문장들의 앞뒤를 바꾸어 이렇게 적어보자.
내가 우리 상사(동료, 연인, 친구, 이웃, 가족)를 좋아하지 않는 이유는

_____

그러면 예를 들어 "우리 동료들이 나를 좋아하는 이유는 내가 무슨 일이든 열심히 도와주기 때문이다"라는 문장이 "내가 동료들을 좋아하지 않는 이유는 무슨 일이든 내가 열심히 도와주기 때문이다"로 바뀌게 된다.

이제 바뀐 문장을 곰곰이 되새기면서 이렇게 자문해보자. 이 문장이 얼마나 맞는 말일까? 이 문장에 한 줌의 진실이라도 담겼을까? 어떤 상황에서 그럴까? 나는 과연 주는 만큼 돌려받고 있나? 내 인간관계의 '기브 앤 테이크give and take'는 건강한가? 어떻게 해야 더 존중받을 수 있을까?

'남'을 실망시켜라,
'나'를 실망시키지 말고

내 인생의 열차는 구청 역에 오래 정차하지 않았다. 나는 사표를 내고 대학에 들어가서 저널리즘 공부를 했다. 나의 멘토는 아주 특별한 분이셨다. 프레데릭 W. 닐젠Frederic W. Nielsen. 히틀러가 정권을 장악하자 1933년 프라하로 가서 그곳에서 나치에 저항하는 글을 쓴 사람이다. 그의 글은 폭발적인 호응을 얻었다. 독일군이 프라하를 점령하자마자 그를 게슈타포 지명수배자 명단 제7위에 올렸을 정도였다.

닐젠은 나치를 향해 날카로운 창과 같은 시를 던졌다. 그리고 1988년 내가 그를 만났을 당시에도 여전히 타자기를 두드리며 무능한 정치를 비판했다. 내가 그런 유명인을 만날 수 있었던 것은 미하일 고르바초프를 변호한 나의 독자 편지가 그의 마음에 쏙 들었기 때문이었다. 그렇게 프레데릭 닐젠은 할아버지 같은 내 친구가 되었다. 그는 내게 저널리즘에 투신하라고 충고했다.

"자네는 일간지 정치부 기자가 딱 맞아."

이런 충고는 학창 시절 나의 (정치적) 작문을 읽고 칭찬을 아끼지 않으시던 우리 국어 선생님께도 들었던 것이다. 뭔가 기시감이 드는 것 같기도 하다. 공무원 시험을 칠 당시에도 그랬다. 그때도 다른 사람들이 내 인생 열차의 기관차에 올라 방향을 지시했다. 물론 이번에는 훨씬 더 내 마음에 드는 방향이었다. 하지만 정치부 기자가 정말로 내가 바라는 인생일까? 신문사의 정치적 방향에 억지로 맞출 필요가 없는 자유로운 삶이 더 바람직하지 않을까? 정치보다 더 매력적인 분야는 없을까?

나는 어린 시절부터 낚시광이었다. 조용한 강가에 앉아 피어오르는 물안개를 보며 낚시를 하는 것이 좋았다. 그래서 몇 년 전부터는 독일 최대 낚시 잡지 〈블링커Blinker〉에 자유 기고가로 글을 쓰고 있었다. 글쓰기와 낚시라는 나의 양대 취미를 부업으로 승화시킨 것이다. 워낙 좋아하는 일이다 보니 일을 하고 있어도 휴가를 즐기는 기분이었다.

그런 참이라 이런 생각이 들었다. 이참에 아예 낚시 잡지사에 들어가면 어떨까? 하루 종일 글을 쓰면서 낚시만 생각할 수 있다는 것이 너무 매력적이었다. 마침 〈블링커〉로부터 나를 인턴으로 채용하고 싶다는 제안을 받았다. 인턴 기간이 끝나면 정식 기자로 임명하겠다는 것이었다. 프레데릭 닐젠은 반대했다.

"그런 데 가봤자 괜히 재능만 낭비하는 거야. 물고기 이야기라면 딴 사람들도 쓸 수 있어. 자네는 정치부에 들어가야 해.”

“독자 편지는 계속 쓸 생각입니다.”

내가 반박했다.

“기사를 쓸 재능이 있는 사람이 독자 편지나 쓰고 있다니 그게 말이 돼? 낚시 잡지에 들어가면 정치부엔 못 들어가.”

“왜요?”

“낚시는 중요한 일이 아니니까. 그건 부업으로 하게나.”

뜬눈으로 지새는 밤이 이어졌다. 심장은 ‘무조건 네 생각대로 해!’라고 외쳤다. 그러나 이성이 태클을 걸었다. ‘그러지 마. 멘토를 실망시켜서야 되겠어?’ 사실 그분은 나보다 몇천 배나 지혜로우신 분이다. 지금껏 내가 만난 사람들 중에서 가장 혜안이 뛰어난 분이다. 1938년 뮌헨 조약이 체결되자마자 체임벌린, 루스벨트, 달라디에에게 공개 서한을 보내 조약의 결과를 정확히 예언함으로써 세상을 놀라게 했던 분이다. 나 같은 피라미가 감히 그런 분의 충고를 무시할 참인가?

하지만 한번 길을 잘못 든 경험을 통해 나는 중요한 결정을 내릴 때는 오직 한 사람의 말에 귀 기울여야 한다는 것을 배웠다. 그 사람은 바로 나 자신이다. 그래서 나는 짧지만 위대한 그 한마디를 입에 올렸다. 닐젠의 충고에 “No”라고 대답한 것이다.

당연히 고민이 컸다. 실제로 내가 결심을 말씀드리는 순간 그렇게 온화하기만 하던 닐젠의 눈빛에 냉기가 돌았다. 내 꿈을 실현하려면 은인을 배신할 수밖에 없었다. 하지만 다른 방도가 있었을까?

중대한 결정을 내리면서 나로부터 한 걸음 멀어지지 않고서 남들에게 한 걸음 다가갈 수 있을까? 불가능하다. 인생에서 해묵은 것을 포기하지 않고 새로운 것을 얻을 수 있을까? 불가능하다. 모든 결정에는 가격표가 붙어 있고 우리는 곰곰이 따져야 한다. '나는 저 가격을 지불할 준비가 되어 있을까?'라는 질문을 던지면서 말이다. 몇 가지 예를 들어보자.

- 당신은 지금 당장 사표를 던질 수 있다. 이 직업에 신물이 났거나 상사 때문에 미칠 지경이어서 사표를 던지고 싶은 마음이 굴뚝같을 수도 있다. 하지만 사표를 던지면 보기 싫은 상사는 안 봐서 좋을지 몰라도 정말 좋아하는 동료들과 헤어져야 하고 고정 수입과 안정적인 미래를 포기해야 한다.
- 당신은 당장 짐을 싸서 해외로 떠날 수 있다. 이놈의 나라가 지긋지긋해서, 여름은 덥고 겨울은 추운 이 기후가 마음에 안 들어서 진즉부터 떠나고 싶었을 수도 있다. 하지만 그 대가로 고향과 친구와 치과 의사와 입에 맞는 음식을 포기해야 한다.

- 당신은 오래 사귄 연인에게 헤어지자고 말할 수 있다. 사실 둘 사이가 예전 같지 않은 지가 꽤 오래되었다. 하지만 그 대가로 상대의 마음을 아프게 할 수도 있고, 외로움을 견뎌야 할지도 모를 일이며, 지금의 상대보다 더 따뜻한 인간을 만날지도 모른다.
- 당신은 당장 땅을 사서 꿈의 집을 지을 수 있다. 남의 집을 떠돌면서 2년에 한 번씩 이사를 다니는 것도 참 할 짓이 못 된다. 그러나 그 대가로 산더미 같은 빚을 질 것이고 대출 이자에 허덕이게 될 것이다.

옳다고 생각하면서도 변화의 대가를 지불하고 싶지 않아서 그 일을 하지 못하는 사람들이 의외로 많다. 예를 들어 지금 직장이 너무 마음에 안 들지만 불안한 삶이 싫어서 사표를 쉽게 던지지 못하는 것이다. 하지만 아무것도 잃으려 하지 않으면 아무것도 얻을 수 없다. 나의 결정은 내게 행운을 안겨다 주었다. 〈블링커〉에서 나는 행복했고 또 글쓰기 실력을 멋지게 갈고닦은 덕분에 언론아카데미 르포상을 받았다. 그제야 닐젠은 환한 웃음을 지었다. 내게 상을 안겨다 준 글이 극우파를 비판하는 정치 르포였기 때문이다. 멘토의 눈빛이 다시 부드러워졌다. 나의 길이 옳았음을, 적어도 나에게는 옳았음을 그분도 인정했기 때문일 것이다.

인간은
한 일을 후회하기보다
하지 않은 일을 더 후회한다

그 남자는 성 안으로 들어가려고 했다. 무슨 수를 써서라도. 인생에서 가장 중요한 문제를 해결하고 싶었기 때문이다. 하지만 문 앞에서 문지기가 길을 가로막았다. 놈은 한 발짝도 물러서려고 하지 않았다. 이제 어떻게 하지? 남자는 돌아가지 않고 끈기 있게 기다렸다. 며칠, 몇 년, 몇십 년 동안. 숨이 끊어지기 직전 그가 문지기에 물었다.

"왜 나 말고 아무도 들여보내 달라는 사람이 없습니까?"

문지기가 부르짖었다.

"여기는 자네 말고 아무도 들어갈 수가 없어. 이 문은 자네만을 위한 문이었으니까."

카프카의 소설 《심판》의 주인공 요제프 K는 평생을 문 앞에서 보냈다. 질문에 대답을 찾지 않고서, 인생의 방으로 발을 들이지 않고서 그저 망설이며 서성이기만 했다. 왜 그랬을까? 마음이 줄다리기를 했기 때문이다. 한쪽에선 호기심이 그를 안으로 잡아당겼다. 다른 쪽에선 문지기와의 갈등을 꺼리는 소심함이 그를 밖으로 끌어당겼다. 두 힘이 똑같이 강하다 보니 줄은 어느 쪽으로도 쏠리지 않았다.

중요한 결정을 앞두고 망설이거나 온 열정을 다 쏟지 않을 때 우리 마음엔 갈등이 휘몰아친다. 누가 누구와 싸우는지조차 모를 때도 많지만 어쨌든 마음은 제자리걸음만 할 뿐 좀처럼 앞으로 나가지 못한다. 심리학에선 이런 내적 갈등을 세 가지로 분류한다.

- 당신은 (요제프 K처럼) 한쪽을 원하고 다른 쪽은 기피하며, 둘은 절대 공존할 수 없다고 확신한다. 예를 들어 당신은 임원이 되고 싶지만 회의는 정말 질색이다. 아무리 생각해도 임원이 되면 하루 종일 회의만 하다가 날이 저물 것이다. 그래서 성문 앞에 선 요제프 K처럼 승진의 문 앞에서 결정을 내리지 못하고 머뭇거린다. 문지기인 당신의 상사는 곧 당신이 주저한다는 사실을 눈치챌 것이므로 운이 없으면 영원히 승진 기회는 날아갈 것이다.
- 당신은 양쪽 모두를 원하지만 둘은 공존할 수 없다. 흔히 이런 갈등을 '사치'라고 생각하지만 따지고 보면 꼭 그런 것만은 아니다. 예를 들어 당신은 결혼을 생각하는 연인이 있는데 얼마 전 서로 호감을 가지는 사람이 생겼다. 이게 웬 복이냐 하겠지

만 이제부터 일어날 일들은 결코 '사치'가 아니다. 두 무더기의 건초를 사이에 둔 당나귀처럼 당신은 우유부단하게 이쪽으로 갔다가 저쪽으로 가는 일을 반복한다. 잠 못 드는 밤이 이어질 것이고, 결국엔 세 사람 모두가 힘들어진다. 그러다가 결국 두 마리 토끼를 다 놓칠 수도 있다. 당신의 우유부단한 태도에 상처를 입은 연인이 당신을 떠나고 호감을 느끼던 상대와도 시들해져버리는 것이다.

- 당신은 양쪽 모두를 피하고 싶지만 그럴 수가 없다. 예를 들어 바람이 났는데 연인에게 고백을 할 수가 없다. 연인의 마음에 너무 큰 상처를 줄 것이라는 사실을 잘 알기 때문이다. 하지만 입 꾹 다물고 있으려니 양심의 가책 때문에 당신이 죽을 노릇이다. 쓰레기차를 피하자니 똥차가 오고 있다.

이런 상황에 처하면 대부분의 사람들은 괴로워하다가 아무 일도 못한다. 너무 괴로워서 도무지 다른 생각을 하지 못한다.

어디서나 통하는 마법의 주문은 있다

위와 같은 고민을 털어놓는 사람에게 나는 꼭 이런 질문을 던진다. "지금으로부터 30년이 흘렀다고 생각합시다. 우리 모두 나이가 제법 먹었을 것이고 세상풍파도 많이 겪었겠지요. 그 나이에 지금 상황을 돌아본다고 상상해봅시다. 지금의 젊은 당신에게 30년 후의 늙은 당신은 과연 무슨 말을 해줄까요? 어떤 길을 가라고 충고할까요?"

지금의 당신에게도 이 질문을 던지고 싶다. 시간 간격을 두고 지금의 갈등을 지켜본다면 저 높은 언덕에서 피 터지게 싸우는 전투 현장을 내려다보는 사령관처럼 모든 상황이 일목요연해질 것이다. 이런 갈등 자체가 비생산적이거나 우스꽝스러워 보일 수도 있다. 산더미 같던 문제도 시간이 흐르고 나면 정말 아무것도 아닌 일일 수 있다. 요제프 K도 멀리 떨어져서 바라보았더라면 이렇게 생각했을지도 모른다. '문지기랑 싸우면 내가 질 수도 있다. 하지만 안 싸우면 이미 진 것과 진배없다. 그러니까 싸워보자!'

어디서나 통하는 마법의 주문은 '결단력'이다. 후회의 심리학을 연구하는 미국의 심리학자 토머스 길로비치Thomas Gilovich는 사람들에게 과거를 돌아볼 때 가장 후회되는 일이 무엇이냐고 물었다. 응답자 네 명 중 세 명이 어떤 일을 하지 않았던 것을 후회했고 기회가 왔을 때 놓친 것을 아쉬워했다. 반대로 어떤 일을 해서, 예를 들어 직장에서 어떤 결정을 내려서 후회했다는 응답자는 4분의 1에 불과했다. 인간은 한 일을 후회하기보다는 하지 않은 일을 더 많이 후회하는 것이다.

용기 내서 고백도 못 해봤으면서 그 사람과 사귀면 어떨지를 어떻게 알 수 있는가? 승진을 향한 투지를 불태우지도 않으면서 어떻게 이사가 되면 회의가 많아서 괴로울지 안 괴로울지를 알겠는가?
출판사에 원고를 보낼 용기도 없으면서 당신에게 작가의 재능이 있
는지 없는지를 어떻게 안단 말인가?

당신이 내릴 수 있는 최악의 결정은 요제프 K의 결정이다. 아무
것도 결정하지 않겠다는 결정이다. 인생은 오지선다형 시험지가 아
니다. 식당 테이블에 놓인 메뉴판이 아니다. 인생은 정해진 메뉴를
선택하는 것이 아니다. 같은 식재료라도 그것으로 무엇을 만들지는
당신의 손에 달려 있다. 어떤 사람과 연인이 되건, 어떤 직업, 어떤
우정을 선택하건 상관없다. 당신의 선택에 충실하여 그 선택을 철
저히 행동으로 옮긴다면 그만큼 행복해질 확률도 높아질 것이다.

미리
예측한 걸림돌은
뛰어넘기가 쉽다

그날 뮌스터의 그 은행에선 무슨 일이 일어났던 것일까? 어찌된 사연이기에 750명의 직원이 모두 안절부절못했을까? 지난 몇 년동안 아무 탈 없이 열심히 일하던 사람들이 갑자기 신경이 곤두서서 짜증을 내고 업무에 통 집중하지 못했다. 변화가 있었다면 딱 한가지, 그동안 달구지 굴러가듯 투덕거리던 낡은 에어컨을 인테리어 공사를 하면서 신형 에어컨으로 바꾼 것밖에 없었다.

그러나 집중력 개선을 위한 특단의 조치가 오히려 소음 공해를 일으키고 말았다. 너무 조용하다 보니 새삼 옆자리 동료의 자판 두드리는 소리까지 신경이 쓰였다. 평소와 다른 적막이 익숙하던 소음을 걸러내 온 세상을 소음 천지로 만든 것이다. 한마디로 업무 환경이 눈에 띄게 나빠졌다.

결국 은행장은 특단의 조치를 취했다. 오디오를 통해 일상의 소음을 재현하여 평소와 같은 정도의 소음을 유지하기로 한 것이다.

스피커에서 적절한 소음이 흘러나오자 은행은 다시 평화를 되찾았고 직원들은 전처럼 차분하게 일을 하기 시작했다.

이거, 참. 소음이라고 생각했던 것이 그렇게까지 중요한 역할을 했을지 어떻게 알 수 있었을까? 정원에서 자라는 모든 식물은 '잡초'까지도 각자 맡은 역할이 있듯 장애나 약점, 비합리적 행동 방식도 저마다의 기능이 있다. 잡초라고 무조건 뽑아버리면 그 옆에서 자라는 예쁜 꽃이 죽을 수도 있는 것이다. 심리학에선 이를 두고 '체계적 연관성', 개인의 환경 시스템이라고 부른다. 모든 것은 서로 얽혀 있으며 서로에게 영향을 미친다는 의미이다.

내 삶이 쓰러지지 않게 붙잡아주는 것들

독재 국가에 사는 저항 시인 가수가 있다. 국가의 금지 조치로 음반을 내지도 못하고 콘서트를 열지도 못한다. 그래도 자신의 저항은 계속된다는 사실을 알리기 위해 그는 이웃 나라에서 음반을 발표하면서 그 음반에 자신이 사는 거리의 이름을 붙였다. 국가는 그를 반체제 인사로 낙인찍어 24시간 감시했다. 그러니 우리는 이렇게 생각할 수 있겠다. 그가 마침내 자유로운 다른 나라로 피신을 한다면 절대 자신을 핍박하던 조국을 그리워하지 않을 것이라고.

하지만 이 사연의 주인공인 볼프 비어만Wolf Biermann은 1976년 동독 시민권을 박탈당한 후 늘 강조했다. 동독의 '충직한 친구들'도 그립지만 '충직한 적들'도 그 못지않게 그립다고. 그는 정부가 없는 정부 비판은 아무것도 아님을 깨달았던 것이다. 그리고 동독을 떠나면서 그곳에 자신의 정체성을 한 조각 두고 왔음을 깨달았다.

결단을 내리고 그 결정에 따라 행동하려 한다면 먼저 그 결정이 자신의 삶에 몰고 올 변화를 예상해야 한다. 그래야 '쓰레기차 피하려다 똥차를 만나는' 사태를 피할 수 있다. 내가 아는 부부는 얼굴만 봤다 하면 싸웠다. 이제는 정말 그만 싸우고 싶다는 마음에 이들은 부부 심리 치료를 받기로 했다. 상담 결과 그들은 그 끝나지 않는 싸움이 부부 관계의 활력소였다는 사실을 깨달았다. 내가 아는 어느 회사 팀원들은 힘을 모은 끝에 꼴 보기 싫은 팀장을 내쫓는 데 성공했다. 하지만 공동의 적이 사라지자 이번에는 자기들끼리 머리채를 잡기 시작했다. 내가 아는 행운아는 40대 중반에 엄청난 유산을 물려받아서 당장 사표를 던졌다. 그러나 얼마 못 가 인생이 의미 없고 공허하다며 나를 찾아왔다.

우리 인생의 정원에서 자라는 모든 '잡초'는 그 단단한 뿌리로 우리의 삶이 쓰러지지 않게 붙들어준다. 따라서 어떤 결정이든 그것이 자라난 생태계를 잘 살펴봐야 한다. 그리고 그것이 미칠 파장을 360도 회전 카메라로 꼼꼼히 체크해야 한다. 그러자면 자신에게 다음과 같은 질문을 던져야 한다.

- 이 결정을 내린 후 전보다 무엇이 더 좋아질까?
- 이 결정으로 인해 현재의 어떤 좋은 점을 잃게 될까?
- 이 결정이 가져올 나쁜 점은 어떤 것이 있을까?
- 나 말고 이 결정으로 영향을 받을 사람이 누가 있을까?
- 그 사람들에게 어떤 좋은 점이 있을까?
- 어떤 나쁜 점이 있을까?
- 이 결정으로 그 사람들과의 관계는 어떻게 될까?
- 누가 나를 지지해줄까?
- 누가 걸림돌이 될까?
- 전체적으로 따져봤을 때 이 결정이 득이 될까?
- 득이 된다면 언제 어떻게 행동할 것인가?
- 득이 되지 않는다면 결정을 어떻게 바꿀까? 혹은 어떻게 해야 이 결정을 막을 수 있을까?

이런 고민과 성찰은 우선 무의식적인 걱정과 근심이 계속 발목을 붙잡지 않도록 도와줄 것이다. 또한 비현실적인 장밋빛 기대를 품었다가 참담한 실패를 겪지 않도록 도와주기도 할 것이다.

그런데 대체 왜 타인에게 미칠 파장을 고민해야 할까? 이유는 간단하다. 미리 예측한 걸림돌은 뛰어넘기가 쉽기 때문이다. 반대로 전혀 깨닫지 못한 걸림돌은 그야말로 큰 걸림돌이 된다. 내게 상담을 받으러 온 어떤 회사 사장님(56세)이 대표적인 예다. 그는 나에게 노후 준비도 다 되어 있고 몸도 예전 같지 않아서 이제 그만 은퇴하고 싶다고 말했다. 그러면서도 일에서 손을 떼지 못하고 매일 회사에 꼬박꼬박 출근한다고 했다. 무슨 자석에 끌리는 사람처럼 아침 8시만 되면 기계처럼 일어나 회사로 출근을 하게 된다는 것이다.

이유가 뭘까 고민하던 나는 어느 순간 번쩍 깨달았다. 그가 아내 이야기를 꺼낸 순간 이 모든 사태의 원인을 간파해냈다. 그가 이렇게 말했기 때문이다.

"집에 있으면 답답하죠. 아내와 딱히 할 이야기도 없어요. 어떤 때는 출근하려고 나오면 오히려 기분이 좋아진다니까요."

그러니까 그가 아침에 집을 나서는 이유는 일을 하기 위해서가 아니라 대화 없는 집에서 탈출하기 위해서였다. 일을 그만두면 어쩔 수 없이 부부 관계를 고민해야 할 것이고, 그것이 싫어서 그냥 계속 출근을 한 것이다. 이 사실을 그에게 알려주자 그는 마침내 문제의 원인을 깨달았고, 그 원인의 해결책을 찾아 고심하면서 은퇴라는 목표를 향해 한 걸음 더 다가갈 수 있었다.

??
Think Different

용을 찾아 죽이는 용감한 전사는 용을 죽이기 전에 자기 행동의 결과를 고민해야 한다. 용을 죽이면 그는 실업자가 될 테니까.

어떻게 해야
진짜 내 인생을
살 수 있을까?

헨리 슈타이거(44세)는 한시도 가만히 있지를 못했다. 상담 중에도 보이지 않는 손이 잡아당기기라도 하듯 계속 몸을 흔들어댔다. 말을 시작하면 속사포처럼 쏟아냈고 상담실에서 나서는 순간에는 곧바로 스마트폰에 시선을 고정했다.

그는 대형 콜센터를 운영하는 사장님이다. 그런데 이 일을 하면서 사람이 변했다고 했다. 그는 평소 휴대전화를 여러 개 가지고 다닌다. 밤에 자다가도 벌떡 일어나 회사로 달려간다. 휴가를 가도 회사에서 급한 전화가 올까 봐 휴대전화를 떼놓지 못한다. 그것만으로도 힘든데 빠듯한 시간을 쪼개 주식 투자까지 한다. 낮에는 시세를 확인하고 베팅을 하느라, 밤에는 주식 정보를 확인하느라 정신이 없다.

골프 클럽에도 가입했다. 이유는 '인맥'을 얻기 위해서다. 그래서 꼴 보기 싫은 인간들과 골프를 치고 밥을 먹는다. 대형 외제차는 이

옷의 부러움을 사기 위해 굳이 집 앞에 주차해둔다. 딸에게 비싼 개인 피아노 레슨을 시키는 이유도 손님들 앞에서 베토벤을 연주시키기 위해서이다. 그런 그가 날 찾아온 것은 어느 날 아내의 입에서 튀어나온 한마디 때문이었다.

"요새는 내가 연예인하고 결혼했나 싶어."

"무슨 말이야?"

그가 물었다.

"당신은 내가 알던 사람이 아냐. 예전에는 나랑 테니스도 치고 극장도 자주 갔는데 요즘 당신은 일만 하는 기계잖아. 예전엔 작은 집에 살면서 자전거를 타도 행복하던 사람이 이제 주식 시세에 따라 기분이 오르락내리락하는 사람이 되어버렸어. 돈만 생기면 집 늘리고 인테리어나 차를 바꾸고 명품 옷 사고."

헨리가 당황하여 물었다.

"그게 뭐가 문제야? 다 우리 가족이 잘살자고 하는 짓인데."

아내는 고개를 저었다.

"우리가 잘살자고 그러는 게 아니지. 남들 눈에 그렇게 보이려고 하는 거지. 우리가 마주 앉아 도란도란 이야기를 나눈 지가 언제인 줄 알아? 난 기억도 안 나."

사실 헨리가 남들의 눈을 의식하는 것은 맞다. 그는 인터넷에서 경제 관련 베스트셀러의 서평을 자주 들여다본다. 남들 앞에서 책을 읽은 척하려는 것이다. 그는 집에 와서도 편안한 옷으로 갈아입지 않는다. 예상치 못한 손님이 왔을 때 흐트러진 모습을 보이고 싶지 않아서다. 남들 앞에선 딸 자랑에 침이 마르지만 정작 딸아이와 보내는 시간은 별로 없다.

나는 헨리에게 물었다.

"과거의 그 대학생으로 돌아가봅시다. 그 대학생이 지금 당신의 삶을 바라본다면 어떤 생각이 들까요? 얼마나 만족할까요?"

"아주아주 만족하겠죠."

질문이 떨어지자마자 그의 입에서 대답이 튀어나왔다.

"집도 있고, 차고 있고, 돈도 많고, 출세도 했고. 꿈도 못 꾸던 성공을 했잖아요."

"물질적으로는 그렇죠."

나는 그를 뚫어져라 쳐다보며 다시 물었다.

"대학을 다니던 시절에는 어떤 꿈을 꾸었나요?"

그는 모르겠다는 듯 어깨를 으쓱했다. 나는 눈을 감고 과거를 떠올려보라고 권했다. 30초가 지나자 그가 눈을 뜨며 말했다.

"하고 싶은 것이 많았어요. 오스트레일리아로 배낭여행을 가고 싶었고 미국으로 건너가 스프링스틴의 콘서트를 관람하고 싶었고 해변을 오래오래 걷고 싶었고 그린피스에 들어가 세상을 바꾸고 싶었죠. 시골에 살면서 아이를 많이 낳고 싶었어요. 옛 친구들과 평생 우정을 쌓고 싶었고……."

그 많은 꿈 중에서 헨리는 무엇을 이루었을까? 그는 오스트레일리아에 가본 적도 미국에서 콘서트를 관람한 적도 없다. 해변을 거닐지도 시골에 살지도 않는다. 그린피스에 들어가기는커녕 인맥을 위해 억지로 라이온스클럽에 들어갔다. 아이도 하나밖에 낳지 못했다. 옛 친구들은 연락이 끊어진 지 오래고 좋아하지도 않는 사업 파트너들만 마지못해 만나고 있다.

타인의 시선에서 자유로워지는 법

많은 사람들이 헨리처럼 산다. 얼마나 뒤틀리고 휘었는지 그 옛날의 자신은 기억조차 하지 못한다. 거울에 비친 자신은 예전의 내가 꿈꾸었던 모습이 아니다. 어떻게 해야 진짜 내 인생을 붙잡을 수 있을까? 남들의 기대가 당신에게 출발하라며 시끄럽게 기적 소리를 울려도 돌아보지 말아야 한다. 걸림돌이 있어도 자신의 길을 걸어야 한다. 주류에서 벗어나려는 당신의 발걸음을 남들은 자기 인생에 대한 비판으로 받아들인다. 자신의 인생에 의혹을 제기하기가 겁이 나서 자신들의 의혹을 당신에게 투영할지도 모른다.

- 당신이 하루 네 시간만 일하고 적게 벌어 적게 쓰겠다고 결심하면 주변의 번아웃 환자들이 말도 안 되는 소리라고 화를 낸다. 일도 반만 하니 밥도 반만 먹고 잠도 반만 자라며 조롱

한다.

* 당신이 페이스북에 아이 사진을 올리지 않으면 주변의 인터넷 중독 환자들이 시대에 뒤떨어진 구닥다리라고 놀린다.
* 당신이 차를 팔고 자전거를 타고 다니겠다고 결심하면 주변의 자동차광들이 자전거로 무슨 일을 할 수 있냐며 난리를 피운다.

순응이라는 바이러스에 감염된 사람은 자유로운 사람을 보기만 해도 자기 발에 달린 쇠사슬을 떠올린다. 과연 어떻게 해야 이런 바이러스 환자들을 물리치고 자신의 길을 갈 수 있을까? 바깥세상과 거리를 취하고 자신에게로 다가가야 한다. 가능하면 많은 시간을 자연과 더불어 보내야 한다. 휴대전화를 끄고 숲길을 걸어보는 것도 좋다. 템플스테이를 하거나 한적한 수도원에서 며칠 지내보면 어떨까? 산티아고의 길 또는 올레길을 걸어보는 것은 어떨까? 중요한 것은 온전히 자신에게로 다가가 마음이 속삭이는 소리의 볼륨을 최대한 키우는 것이다.

집, 차, 사람들의 미소 등 모든 것이 인공적인 도시에선 자신을 속이기가 쉽다. 하지만 모든 나무들이 땅속 깊이 뿌리를 내린 숲에서는, 모든 식물이 생태계에서 각자의 역할을 하는 숲에서는 그러기가 쉽지 않다. 숲처럼 완벽하게 조화를 이룬 환경에선 조그마한 불협화음도 금방 눈에 띄기 마련이다. 따라서 평소엔 느끼지 못하던 문제를 깨닫고 그것을 고치기가 훨씬 쉬울 것이다.

내가 헨리 데이비드 소로Henry David Thoreau의 《월든Walden》을 읽어보라고 권하자 헨리는 당황한 표정을 지었다. 나는 다음번 만남 장소로 근처 숲의 주차장을 골랐다. 우리는 새소리를 들으며 느긋하게 숲길을 걸었다. 시간이 지나자 그의 몸에서 허둥거리는 동작이 눈에 띄게 줄었다. 자연의 평화가 그에게로 전염된 것 같았다. 그는 걸음의 속도를 늦추었고 몸을 흔들지도 않았으며 말도 천천히 했다.

현실로부터 공간적, 정신적 거리를 두면서 헨리는 몸과 마음을 정직하게 정리할 기회를 얻은 것 같았다. 몇 번 더 만나 산책을 같이 한 후 그는 자신의 잘못을 인정했다. 허덕이며 사느라 꿈을 배반했고 아내를 실망시켰으며 삶의 균형을 잃어버렸다고, 남의 눈을 의식하느라 정작 자신의 삶을 살지 못했다고 말이다.

지금 그는 여러 가지 계획을 고민 중이다. 골프 클럽을 탈퇴하고, 주식을 팔아 정기예금에 넣고 옛날 친구들에게 연락을 취해볼 것이며 아내와 딸을 데리고 배낭여행을 떠날 예정이다. 장기적으로는 그린피스 같은 비영리단체에 자신의 사업 재능을 기부할 생각이다. 숲에서 나무들의 속삭임에 귀를 기울이며 자신의 인생을 돌아본 지금, 하루 종일 스마트폰만 들여다보며 만나도 즐겁지 않은 골프 모임 파트너들과 시간을 허비할 마음이 싹 사라진 것이다.

언젠가 숲의 주차장에서 그와 헤어진 후 뒤를 돌아봤더니 그는 여전히 숲을 바라보며 서 있었다. 한참을 그렇게 서 있던 그는 차에 올라 천천히 주차장을 빠져나갔다. 차에 오를 때까지 그는 단 한 번도 휴대전화를 꺼내지 않았다.

지금까지 내가 이 소망을 이루지 못한 이유

"더 열심히 노력해서 꼭 그 목표를 이루겠어요!"

당신이 추구하는 여러 가지 목표 중에서 이 말을 할 수 있는 목표는 과연 어떤 것인가? 금연도 좋고 운동도 좋고 이직도 좋다. 당신의 목표를 적어보자.

_____

_____

_____

_____

언제까지(몇 년 몇 월 며칠) 이 목표를 이루겠는가?

_____

자, 이제 아래의 질문에 대답해보자.

· 이 목표를 진정으로 이루려면 어느 정도의 시간이 걸릴까?
· 나는 얼마나 이 목표를 진심으로 원하는가? 1에서 10까지 점수를 매겨보자.
· 왜 나는 더 절실하게 원하지 않는가?
· 내 스스로 의욕을 북돋기 위해 어떻게 해야 할까? 나의 행동, 나의 목표에서 바꿀 점은 무엇인가?

다음 문장을 끝까지 완성해보자.

"지금까지 내가 이 목표를 이루지 못한 이유는……"

· 첫째

_____

· 둘째

_____

• 셋째

지금껏 망설이고 주저한 이유는 그렇게 하는 것이 무언가 득이 되었기 때문 아닐까? 그것이 무엇이었을까? 예를 들어 실패가 두려워 행동을 하지 않았다면, 말 그대로 실패할 일은 없을 테니 그것이 득이라고 생각해서였을 것이다.

이런 걸림돌의 부피를 줄일 방안을 모색해보자. 예를 들어 큰 목표를 단계별 목표로 잘게 쪼개보는 것이다. 실패를 두려워하지 마라. 실패는 다시 도약하기 위해 없어서는 안 될 소중한 경험이다.

5

직관에 귀 기울이는 연습

무엇이 당신의 가슴을
뛰게 하는가

진짜 소망과
가짜 소망을
구분하라

왜 우리는 많은 소망을 이루지 못하는 것일까? 그것이 진짜 나의 소망이 아니기 때문이다. 일상의 유혹이 너무 강하고 광고의 북소리가 너무 크며 남의 시선이 너무 따갑기 때문이다. 우리는 가질 수 없는 것들을 열망한다. 명품백, 외제차, 전원주택, 높은 연봉, 최신 스마트폰 등을 원한다. 그런 것을 갖기 위해 엄청난 에너지를 낭비하기 때문에 진짜 소망을 이룰 힘은 남지 않는다.

그렇다면 진짜 소망과 가짜 소망은 어떻게 구분할까? 심리학자 에리히 프롬Erich Fromm이 말한 존재와 소유라는 삶의 두 가지 방식이 길을 알려줄 것이다. 그는 말했다. "소유의 방식에서는 세상과의 관계가 점유와 취득으로 이뤄진다. 이는 모든 사람, 모든 것을 내 소유물로 만들고자 하는 관계이다."

우리는 외제차를 소유할 수 있지만 외제차가 될 수는 없다. 명품백을 가질 수 있고 높은 자리에 오를 수는 있지만 그것이 될 수는 없다. 소유의 태도는 행복을 집에 전시해둘 수 있는 대상으로 바라본다. 하지만 비싼 외제차를 장만한 사람은 얼마 못 가 더 크고 더 비싼 차를 갖고 싶어 한다.

소유의 바람은 바깥세상에서 밀려들어오며 상실의 공포에 불을 지핀다. 가질 수 있는 것은 잃을 수도 있다. 차는 도난당할 수 있고 망가질 수도 있다. 일자리는 해고당할 수 있고 아름다운 몸매는 세월의 힘 앞에서 무력해질 수 있다. 또, 소유의 바람은 주변 사람들을 경쟁자로 만든다. 회사에서 제일 높은 자리는 한 사람만 차지할 수 있다. 경매에서도 그림은 딱 한 사람의 차지가 된다.

그토록 애타게 갖고 싶었던 것을 마침내 가진 사람은 곧바로 그것을 잃어버릴지도 모른다는 두려움에 휩싸인다. 갖고 싶다는 갈증을 풀기는 했지만 그것으로는 온몸을 흠뻑 적실 수 없기 때문에 또 다른 갈증이 밀려든다. 타고 다니는 차는 클지 몰라도 차에 앉은 자아는 작기만 하다.

무엇을 가졌냐는 중요하지 않다. 당신이 어떤 사람인가가 중요하다. 미인의 기준에 맞지 않아도 아름다울 수 있다. 95개의 초를 꽂은 생일 케이크를 앞에 둔 주름 가득한 얼굴도 아름다울 수 있다. 은행 계좌에 돈이 빵빵하지 않아도 부자가 될 수 있다. 행복과 사랑, 에너지와 상상력의 부자가 될 수 있다. 모든 존재는 내면에서 나오는 것이지 소유의 대상처럼 운명으로부터 대출한 것이 아니다. 당신 자신이 샘이라면 물이 마를 일이 없을 것이다.

이제 당신은 이렇게 반박할지도 모르겠다. 큰 집을 가지고 싶은 것이 그렇게 비난을 받을 일인가요? 돈 모아 세계일주를 하겠다는 것이, 좋은 옷을 입고 높은 자리에 오르겠다는 것이 그렇게 손가락질을 당할 일인가요? 그렇지 않다. 비난을 받을 일이 아니다. 다만 그 소망을 자세히 들여다보아야 한다. 그리고 전체적인 맥락에서 살펴봐야 한다.

가장 마지막에 등장하는 소망의 정체

대부분의 소망은 러시아의 마트료시카 인형과 같다. 제일 바깥의 인형을 열면 그 안에서 인형이 나온다. 그 인형을 열면 또 다른 인형이 나온다. 열 때마다 인형이 나온다. 소망도 핵심이 나올 때까지 계속 열어야 한다. 자연과학자 알렉산더 폰 훔볼트Alexander von Humboldt는 말했다. "관찰자에게 보이는 모든 것은 더 높은 것, 미지의 것을 짐작하게 한다."

지금 당신은 공항으로 가는 길이다. 그런데 늦었다. 휴가지로 떠날 비행기는 45분 후면 출발이다. 그러나 이 시각 공항 주차장은 항상 만원이다. 초조해서 땀이 흐른다. 심장이 두근거린다. 지금 당신이 가장 바라는 것이 있다면 바로 차를 세울 한 칸의 자리이다. 하지만 실제로 당신이 원하는 것은(인형을 하나 꺼내면) 주차장의 빈자리가 아니라 비행기에 타는 것이다. 실제로 당신이 원하는 것은(인형을 하나 더 꺼내면) 비행기에 타는 것이 아니라 그토록 바라던 휴가이다. 실제로 당신이 바라는 것은(인형을 또 하나 꺼내면) 휴가가 아니라 쫓기는 일상에서 벗어나 자신으로 돌아갈 수 있는 시간과 여유이다. 마침내, 마지막 인형이 남았을 때에야 당신의 진짜 소망이 모습을 드러낸다. 그 소망은 꼭 주차를 하지 않아도, 꼭 비행기를 타지 않아도, 꼭 휴가를 가지 않아도 다양한 방법으로 이룰 수 있다.

실제로 당신이 바라는 것은 명품 옷을 입는 것이 아니라 자신의 모습에 만족하는 것이다. 실제로 당신이 바라는 것은 전원주택이 아니라 편안한 집과 세상의 인정이다. 그러나 대부분의 사람들은 제일 바깥의 인형만으로 만족하며 더 안으로 파고들 생각을 하지 않는다.

당신의 소망을 현미경으로 꼼꼼히 살펴보자. 꼭 갖고 싶은 것이 무엇인가? 왜 많은 사람들이 똑같은 것을 갖고 싶어 할까? 당신의 소망도 마음에서 우러나온 것이 아니라 바깥에서 마음으로 밀려들어간 대중의 소망이 아닐까? 열심히 노력해서 이루어봤자 금방 또 다른 것이 갖고 싶어지는 것은 아닐까? 당신의 성공이 혹시라도 타인의 패배인 것은 아닐까?

그렇다면 그 소망은 소유의 소망이다. 자, 여기 소망의 정체를 파헤치는 방법이 있다. 당신의 소망을 여과 없이 적어보자. 아주 평범한 것도 괜찮다. 그런 다음 질문을 던져보자. 그 소망이 이루어지면 무엇이 좋을까? 예를 들어 한 미혼 여성의 마음속 대화는 이렇게 나아갈 수 있다.

▶ 나의 소망은 무엇인가?
"남자친구가 생겼으면 좋겠다."

▶ 남자친구가 생기면 뭐가 좋을까?
"남자친구가 있는 친구들 앞에서 당당할 수 있을 것이다."

▶ 친구들에게 당당할 수 있으면 뭐가 좋을까?
"인정받을 것이다."

▶ 인정을 받으면 뭐가 좋을까?
"나도 진짜 친구가 되었다는 느낌이 들 것이다."

▶ 나도 진짜 친구가 되었다는 느낌이 들면 뭐가 좋을까?
"자존감이 높아지고 마음이 편안해질 것이다."

제일 바깥의 인형에는 남들의 시선에서 자유롭지 못한 그녀의 심리 상태가 들어 있다. 남자친구도 없는 나를 남들이 어떻게 생각할까? 하지만 더 안으로 들어가 보면 진짜로 필요한 것은 자존감과 편안한 마음이다. 물론 남자친구가 자존감에 도움은 될 수 있을 것이다. 하지만 꼭 남자친구가 있어야 자존감이 커지는 것은 아니다. 그리고 남자친구는 바깥에서 구해야 하는 것이지만 자존감은 안에서 나오는 것이다. 나 자신이 바로 자존감의 샘물이라는 깨달음이 있어야 진정으로 자유롭고 독립적인 사람이 될 수 있다. 소유에서 존재로 소망의 눈을 돌릴 수 있는 것이다.

살아 있음을
온몸으로 느꼈던
순간은 언제인가

서치라이트의 빛이 칠흑 같은 어둠에 구멍을 내며 한 무리의 죄수들을 비추었다. 큰 소리로 명령이 떨어졌다.

"대오 맞춰 행진!"

5열로 선 수인들이 행진을 시작했다. 웅덩이를 지나고 차가운 얼음과 눈밭을 헤치며 그들은 걸었다. 칼날 같은 바람이 사정없이 귀를 때렸다. 조금이라도 대열에서 낙오되면 사정없이 몽둥이가 날아들었다. 옆에서 걷던 수인이 빅터에게 말했다.

"우리 마누라가 이 꼴을 보면 무슨 말을 할까?"

그 순간 갑자기 춥기만 하던 빅터의 마음에 따스한 기운이 번져 나갔다. 차가운 눈 속에 발이 푹푹 빠졌고 얼음판이 미끄러워 넘어지기를 밥 먹듯 했지만 그는 행복하다고 느꼈다. 마음으로 아내와 대화를 나누었기 때문이다.

"대답하는 아내의 말소리가 들린다. 미소 짓는 아내의 얼굴이 보인다. 아내의 눈빛이 막 떠오른 해보다 더 환하게 빛난다⋯⋯."

'사랑하는 사람'에게 흠뻑 빠져든 순간 그는 깨달았다. '더 이상 잃을 것이 없으면 행복할 수 있다'는 것을. 몸은 사슬에 감긴 포로 였지만 정신만은 자유로웠다. 그는 속으로 이렇게 되뇌었다. "내가 물으면 아내가 대답한다. 아내가 물으면 내가 대답한다."

나치 수용소에서 살아 돌아온 심리학자 빅터 프랭클Viktor Frankl은 죽음의 곁에서 소중한 깨달음을 얻었고 로고테라피Logotherapie를 통해 그 깨달음을 널리 알렸다. 그의 이론에 따르면 우리의 존재는 몸과 마음과 정신, 이렇게 세 가지 차원으로 이루어진다. 몸과 마음은 서로 밀접하게 연결되어 있어서 자극과 반응을 통해 조종하기가 쉽다. 예를 들어 갈증은 몸의 욕망이지만 갈증을 달래줄 무언가를 마시면 마음도 편안해진다. 몸에 좋은 과일주스를 마시건 위스키를 죽도록 퍼마시건 상관이 없다.

그러나 정신은 몸과 마음의 한계를 넘어설 수 있다. 우리의 이성은 동물에게는 불가능한 기적을 일으킨다. 그래서 거리를 두고 자신을 볼 수 있는 능력을 지니게 된다. 앞에서처럼 목이 마른 상황이라면 당신은 술을 마시는 자신을 저 멀리서 바라보며 이렇게 물을 수 있다. '꼭 그런 것으로 목을 축여야겠어? 조금 더 몸에 좋은 것도 있잖아.'

"知人者智, 自知者明(남을 아는 자는 지혜롭고 자신을 아는 자는 밝다)" 라고 노자는 말했다. 그런 자기 성찰은 우리를 무조건적 반응의 사슬에서 해방시켜 자기 행동에 대한 책임을 선사한다. 모든 상황을 내 뜻대로 할 수는 없어도 그 상황에 대처하는 방법은 내 뜻대로 결정할 수 있다. 프랭클은 삶에 의미를 부여하고 삶의 도전에 응하며 독재에 굴종하지 않는 것이 인간의 의무라고 말했다.

삶을 향해 "Yes"라고 외치다

프랭클이 나치 수용소라는 지옥에서 살아남았던 것은 운이 좋기도 했지만 그 안에서 사랑하는 아내를 떠올리고 자신의 미래를 찬란한 색으로 그렸기 때문이다. "환하고 아름답고 따뜻한 큰 강의실의 연단에 서 있는 내 모습이 갑자기 떠오른다. 흥미로운 표정으로 귀를 세운 관중이 편안한 쿠션 의자에 앉아 있다. 나는 나치 수용소 심리학에 대해 강연을 한다."

당신이 얼마나 행복한 삶을 살지는 삶에 어떤 의미를 부여하고 어떤 가치를 추구하느냐에 달려 있다. 외부의 강요에 단호하게 "No"를 외칠 만큼 강해지는 방법은 단 한 가지뿐이다. 더 큰 것을 향해, 당신의 가치와 목표를 향해 "Yes"라고 외쳐야 한다. 그것만이 잘못된 유혹에 저항하고 진정한 소망을 따를 수 있는 힘을 선사한다. 빅터 프랭클은 억압을 향해 "No"를 외쳤다. 스스로 삶을 향해 "Yes"를 외칠 수 있었기 때문이다. 그의 유명한 저서 《죽음의 수

용소에서》의 독일어판 제목은《그럼에도 삶에 대해 예스라고 말한다...trotzdem Ja zum Leben sagen》이며, 영어판 제목은《삶의 의미를 찾다 Man's Search for Meaning》이다.

당신은 무엇을 향해 "Yes"라고 말하겠는가? 무엇이 당신의 심장을 뛰게 하는가? 어떤 사람, 어떤 경험이 어두운 밤을 밝히는 한 줄기 등불이 되어주는가? 역풍을 맞아도 꿋꿋하게 자신의 항로를 지키는 당신에게 그 무엇이 힘이 되어줄 것인가?

당신의 가치를 실현시켰던 상황이 있었는지 한번 기억해보자. 정신없이 푹 빠져 시간 가는 줄 몰랐던 상황이 있는가? 어떤 경험이 떠오르는가? 다섯 가지만 적어보자. 가족, 일, 사랑, 취미, 건강, 돈 등 삶의 가장 중요한 부분들을 쭉 훑어가며 생각해보자.

내 고객 마리온 야스퍼스(29세)는 변호사이다. 가치를 실현한 경험을 적어보라는 내 말에 그녀는 고등학교 핸드볼 동아리 후배들과 경기를 했던 순간을 떠올렸다.

"어찌나 재미있던지 내가 선배이고 어른이라는 사실을 까맣게 잊어버렸어요. 목청껏 마이볼을 외치고 하이파이브를 하고 깔깔거리며 웃고 춤을 추며 경기장을 뛰어다녔어요. 고등학교 시절로 돌아간 것 같았죠. 어찌나 정신없이 빠져 있었던지 선생님이 오셔서 종례 시간이니 경기를 마쳐야 한다고 했을 때 정말 화들짝 놀랐답니다."

당신도 그런 경험이 있었는지 떠올려보라. 완전히 몰입하여 자신을 잊었던 순간, 살아 있음을 온몸으로 느꼈던 순간이 있었는가. 있었다면 다섯 가지만 골라 적어보자.

경험 1: _____

경험 2: _____

경험 3: _____

경험 4: _____

경험 5: _____

이제 자신에게 이렇게 물어보자. 그 순간 나는 어떤 가치를 실현했을까? 마리온은 그날의 핸드볼 경기 옆에 이런 가치들을 적었다. "순발력, 협동 정신, 자유, 운동, 열정, 승리의 의지, 집중, 공동체 의식, 순수함, 소속감, 책임감, 활동성."

당신도 각 경험마다 그에 해당되는 가치를 적어보자.

경험 1의 가치: _____

경험 2의 가치: _____

경험 3의 가치: _____

경험 4의 가치: _____

경험 5의 가치: _____

이제 빨간 색연필을 꺼내서 가장 중요한 세 가지 가치가 남을 때까지 하나씩 지워나가자. 마지막으로 딱 세 개가 남으면, 앞으로는 어떤 결정을 내리더라도 이 세 가지 가치를 판단의 기준으로 삼을 수 있을 것이다.

마리온은 오래전부터 두 가지 고민이 있었다. 이제 슬슬 독립을 해서 사무실을 차려야 하지 않을까? 더 늦기 전에 아이를 낳아야 하지 않을까? 자신에게 가장 중요한 가치가 무엇인지를 깨달은 이후 그녀는 확실한 대답을 찾았다. 자유와 책임감을 중요하게 생각하는 그녀이므로 마땅히 독립을 하는 쪽이 낫겠다는 것이다. 다만 혼자서

허허벌판으로 나가기는 너무 무모하다는 생각이 들었다. 또 평소 공동체 의식을 중요시하는 터라 친구와 동업을 하기로 결심했다.

아이 문제도 다른 사람과 함께하는 순간을 소중하게 생각하고 책임감도 강하므로 분명 자식을 낳으면 더 만족스러운 삶을 살 수 있으리라 판단했다. 다만 지금은 독립이 우선 문제라 2~3년 후 사무실이 어느 정도 안정되면 그때 아이를 갖기 위해 노력하기로 했다.

예감은
틀리지 않는다,
좀처럼

해리가 무엇을 할 수 있었을까? 그는 고민에 휩싸여 머리가 터질 것만 같았다. 해리는 두 여자를 동시에 사랑했다. 두 여자가 똑같이 좋아서 누구와 결혼을 해야 할지 결정을 내릴 수 없었다. 그러면서도 삼각관계가 너무나 괴로웠기 때문에 한시라도 빨리 이런 상황에서 벗어나고 싶었다.

어떻게 할지 고민하던 그는 전설적인 미국의 정치인 벤저민 프랭클린Benjamin Franklin의 충고를 따르기로 했다. 프랭클린은 그 유명한 결정의 수학, 즉 '도덕의 대수학'을 개발했기 때문이다. 해리는 프랭클린의 지시대로 종이를 두 칸으로 나누어 한쪽은 찬성의 이유, 다른 쪽은 반대의 이유를 적었다. 그런 다음 중요도가 낮은 순서대로 양쪽에서 똑같이 하나씩 지워나갔다. 프랭클린은 그렇게 하나씩 지우다 어느 한쪽에 이유가 남으면 그쪽이 가장 옳은 결정이라고 말했다.

회계사답게 해리는 리스트를 꼼꼼하게 작성하여 장단점을 저울질했다. 그리고 마침내 논리의 저울은 한쪽 여자에게로 기울었다. 와우! 드디어 답이 나왔다! 그런데 기뻐서 환호성을 질러야 마땅할 순간에 해리는 야릇한 느낌이 들어 움칠했다. '아냐. 이 여자가 아니야.' 심장이 그에게 그렇게 말했던 것이다. 이성은 그를 그릇된 길로 인도했지만 심장은 올바른 길을 가르쳐주었다.

독일의 심리학자 게르트 기게렌처Gerd Gigerenzer가《직관의 결정 Bauchentscheidungen》이라는 책에서 소개한 이 실화는 직관의 힘을 입증한다. 마음의 소리를 외면할 때마다, 사기꾼의 말에 혹할 때마다, 자신의 가치를 배반할 때마다 직관은 우리에게 신호를 보낸다. 그러나 그 신호가 구급차의 사이렌 소리처럼 요란하지 않아서 허둥거리며 사는 우리의 귀가 미처 포착하지 못할 때가 많다.

당신이 지금껏 살면서 내린 오판들을 떠올려보라. 후회로 잠을 설쳤던 일은 없는가? 이상한 사람들에게 혹했던 때는 없는가? 당신을 이용하려고 접근했던 친구에게 넘어간 적은 없는가? 동료가 앞에서는 좋은 말만 하고 뒤에서는 당신을 욕했던 적은? 파트너에게 매몰차게 배신당한 경험은? 나를 힘들게 했던 그 사람들의 얼굴을 떠올리며 아래의 질문에 대답해보자.

- 그 사람의 첫인상이 어땠나?
- 뭔가 미심쩍은 것이 있었다면 무엇이었나?

- 시간이 흐르면서 어떤 불쾌감이 들었나?
- 어떤 행동을 보고 의심을 품기 시작했나?
- 마침내 그와의 관계를 끊기 전까지 나의 직관은 얼마나 자주 경고 신호를 울렸던가?
- 직관의 충고를 따랐다면 어떤 손해를 방지할 수 있었을까?

이성이 말하는 것과 심장이 말하는 것

직관의 소리를 흘려들으면 엉뚱한 길로 빠지기 쉽다. 일터라고 해서 다르지 않다. 많은 사람들이 회사를 닭장처럼 답답해한다. 일이 자기랑 맞지 않고 상사는 속된 말로 '또라이'며 월급은 너무 적기 때문이다. 나를 찾아온 사람들은 묻는다.

"이 정신병원에서 어떻게 탈출하죠?"

그럼 나는 되묻는다.

"대체 어쩌다 그런 정신병원으로 들어갔어요?"

문제의 원인을 깨달아야 다음 단계로 나아갈 수 있다. 그리고 자신의 소망과 가치를 추구할 수 있다. 사무직 직원 위르겐 벤더스(24세)의 구직 경험담 역시 어디서 많은 들어본 듯한 이야기였다.

"면접 때부터 느낌이 좋지 않았어요. 15분이나 복도에서 기다렸는데 그때만 해도 저는 그냥 담당자가 급한 일이 생겼나 보다 하고 넘겼어요. 그런데 복도를 지나가는 회사 직원들이 전부 고개를 푹 떨어뜨리고 다니더라고요. 그래도 그 당시엔 그냥 안 좋은 일이 있겠거니 하고 말았죠. 면접장에서도 담당자분이 도통 내 얼굴을 보질 않았어요. 서류에서 눈을 떼지 않는 것을 보고 '아, 내 서류를 검토조차 안 했구나' 싶었죠. 집으로 돌아올 때 기분이 별로였는데도 그때는 일자리가 워낙 급해서 합격 전화를 받고 감사하다고 생각했어요."

그러나 예감은 틀리지 않았다. 회사는 엉망진창이었고 직원들은 매일같이 고개를 떨어뜨리고 다녔으며 경영진의 실적 압박이 엄청났다. 그 모든 것을 직관은 단 몇 초 만에 파악했지만 위르겐은 억지로 직관의 소리를 떨쳐버렸다. 그 소리를 외면하지 않았더라면 답답했던 회사 생활과 이직의 번거로움을 겪지 않아도 되었을 것이다.

그렇지만 과연 직관이 그렇게 완벽한가? 직관도 틀릴 수 있다. 자고로 무슨 일이든 이것저것 다 따져보고 곰곰이 생각한 다음에 결정을 내려야 한다. 그렇지 않은가? 그 질문에 답하기 위해 학자들이 실험을 실시했다. 85명의 핸드볼 선수를 모아 한 명씩 모니터 앞에 앉힌 뒤 수준 높은 핸드볼 경기 장면을 보여주었다. 그리고 10초에 한 번씩 화면을 정지시킨 후 물었다. 당신이라면 어떻게 하겠습니까? 누구에게 볼을 패스하겠습니까?

첫 번째 실험에선 속도가 관건이었다. 최대한 빨리 결정을 내리도록 했다. 두 번째 실험에서는 결정을 하기 전에 넉넉하게 시간을 주었다. 정지 화면을 찬찬히 살펴본 후에 모든 가능성을 타진할 수 있는 시간을 주었다. 그랬더니 선수들이 갑자기 화면 저 끝에서 지금껏 보지 못했던 다른 선수들을 발견했다. 그래서 열 명 중 네 명이 첫 실험의 결정을 바꾸었다. 실험을 마치고 학자들은 첫 번째 실험의 결과와 두 번째 실험의 결과, 즉 직관적인 판단과 고민 끝에 내린 결정을 비교했다. 결과는 고민의 패배였다. 대부분 직관적으로 내린 결정이 훨씬 더 옳았다.

이 실험에서 우리가 배울 점이 무엇일까? 직관은 흔히 생각하듯 그렇게 즉흥적인 것이 아니라는 사실이다. 직관을 인도하는 것은 큰 경험의 창고이다. 핸드볼 선수들의 직관적 판단이 옳았던 것은 그동안 쌓았던 많은 경험의 공이다. 우리 모두에게는 그런 인생의 경험들이 있다. 그래서 사람을 처음 만날 때도 오랜 인간관계의 경험을 바탕으로 올바른 판단을 내릴 수가 있는 것이다.

프랑스의 철학자 조지프 주베르Joseph Joubert는 말했다. "이성은 하지 말아야 할 것이 무엇인지 말해줄 수 있다. 그러나 심장은 해야 할 것이 무엇인지를 말해줄 수 있다."

"나는 나의 심장에게 감사한다."

카프카의 소설에나 나올 법한 장면이 펼쳐졌다. 고등학교에 다니는 한 남학생이 경찰서에 출두하라는 편지를 받았다. '왜? 내가 뭘 잘못했는데? 난 아무 잘못도 없어.' 그는 그렇게 생각했다. 그러나 마음이 편할 리는 없어서 불안한 마음으로 경찰서로 갔다. 경찰들이 그를 중죄인 보듯 훑어보더니 컴퓨터를 가리켰다.

화면에는 자신이 한 신문사에 보낸 항의 편지가 떠 있었다. 유고슬라비아에서 온 난민 가족에게 내려진 추방 조치에 대해 항의하는 내용이었다. 경찰이 밤에 그들의 숙소를 급습하여 어린아이들까지 체포했다. 심지어 가족의 아버지는 고향으로 돌아갈 경우 생명이 위태로웠다. 그런데도 경찰은 무조건 이 가족을 추방해버렸다. 학생은 정부의 비인도적 처사에 분노했고, 도저히 참을 수 없어 이 기사를 실은 신문사에 자신의 뜻을 전했다.

그의 죄명은 '국가 공무원 모독죄'였다. 그는 믿을 수가 없었다. 독일은 사상의 자유가 보장되는 민주주의 국가이다. 고향에서 박해받는 가족을 도와주어야 한다는 외침이 대체 왜 잘못이란 말인가? 왜 모독이란 말인가?

그러나 독일 법원의 생각은 달랐다. 그는 유죄판결을 받았다. 항소를 했지만 결과는 마찬가지였다. 부모님도 친척들도 모두 나서서 그에게 말했다.

"이제 그만 승복해. 대법원까지 가려면 돈도 너무 많이 들고 판결이 바뀐다는 보장도 없잖아."

그랬다. 그에겐 돈이 없었다. 게다가 1심과 2심 모두 한 치의 흔들림도 없이 그에게 유죄판결을 내렸다. 하지만 그의 가슴엔 심장이 있었다. 그 심장이 고동칠 때마다 그에게 말했다.

"넌 잘못이 없어. 판사들이 틀렸어. 다시 항소해."

그래서 그는 대법원으로 달려갔다. 그의 사건은 대법원장 로만 헤어초크Roman Herzog의 책상에 올랐다. 로만 헤어초크는 훗날 독일 대통령이 된 인물이다. 그는 학생의 사건을 읽고 고개를 저었다. 동료 판사들의 판결에 기가 막혔던 것이다. 헤어초크는 단호하게 학생의 편을 들어 무죄를 선고했다. 무죄판결 소식은 온 언론을 떠들썩하게 했다. 그리고 훗날 그의 판결은 교과서와 사법연수원 교육 교재에도 실렸다. 사상의 자유를 보장한 모범적 사례로 말이다.

그 학생은 두 손 들고 말리는 이성을 뿌리치고 심장의 소리를 따랐다. 돈 걱정도, 모든 비관적인 예상도 무시했다. 지금도 그는 자신의 심장에게 감사한다. 그에게 올바른 길을 가르쳐주었으니까.

내가 어떻게 그의 속마음을 소상히 아느냐고? 그 학생이 바로 나였으니까.

나의
진짜 소망으로 인도하는
연습 문제

어느 날 출근길에 당신은 이상한 장면을 목격한다. 평소에는 무척 친절한 이웃이 낯선 사람과 대화를 나누고 있다. 그런데 언뜻 당신의 귀에 살인, 협박, 5000억 같은 무시무시한 단어들이 들린다. 아무래도 그 이웃이 조직폭력배 두목인 것 같다. 당신은 당장 경찰서로 달려가 신고를 했고 급습한 경찰이 이웃의 손에 수갑을 채웠다.

다음 날 경찰서장이 찾아와 당신의 용기를 칭찬한 후 이마를 찌푸리며 말한다.

"그런데 선생님의 생명이 위태롭습니다. 그 폭력 조직이 복수를 할 것 같습니다. 아무래도 증인 보호 작전에 들어가야겠습니다."

"그럼 이사를 가야 할까요?"

당신이 불안한 목소리로 묻는다.

"이사를 가는 것뿐만 아니라 이름과 경력을 바꾸고 완전히 신분 세탁을 해야겠습니다."

당신은 눈을 감고 숨을 깊이 들이마신다.

"그럼 가족이랑 친구는요? 직장은요? 다 포기해야 하나요?"

"사는 데 꼭 필요한 것이 아니라면 포기하는 게 좋습니다."

당신은 고민에 빠진다. 늘 무엇이 필요한지만 고민했지 지금처럼 무엇이 필요하지 않은지를 고민한 적은 없었기 때문이다.

뭐든 처음엔 포기할 수 없는 것이 한두 가지가 아닌 것 같다. 하지만 여행 다닐 때가 떠오른다. 짐을 꾸릴 때는 이 옷도 입을 것 같고 저 옷도 필요할 것 같지만 막상 집에 돌아와 짐을 풀면 대부분은 꺼내보지도 않았음을 알게 된다. 쓸데없이 끌고 다니느라 무거운 짐만 된 경우가 허다하다.

당신은 가지고 있는 물건들을 쭉 살피며 내게 정말로 필요한 것들인지 점검해본다. 옷이 꼭 이렇게 많을 필요가 있을까? 차가 꼭 필요할까? TV가 없으면 죽나? 노트북이 없으면 인터넷을 못 보나? 지금으로부터 2000년 전, '미니멀리즘'이라는 말도 없던 시절 로마의 문인이자 정치인이었던 플리니우스Plinius는 이렇게 말했다. "갖고 싶어 안달하는 물건의 마법은 막상 그 물건을 가지는 순간 연기처럼 사라진다."

포기할 수 없는 것, 바꾸고 싶은 것

당신은 경찰서장의 이런 말을 듣고 생각에서 빠져나온다.

"오히려 잘됐다고 생각하시는 분들도 있습니다. 이제 그만 보고 살았으면 좋겠다 싶은 사람들과의 관계를 정리할 수 있을 테니까요."

어떤 사람, 어떤 친구를 포기할 수 있을까? 지금껏 친구라고 불렀던 사람들 중에 과연 진짜 친구는 몇 명이나 될까? 내 연인은 어떤가? 나는 그 사람을 정말로 사랑할까? 그냥 혼자인 것이 두려워 습관적으로 만났던 것은 아닐까? 가족은? 가족의 끈을 과감하게 끊을 수 있을까?

"모든 면에서 적극 지원하겠습니다."

경찰서장이 복잡한 당신의 표정을 읽었는지 이런 위로의 말을 던진다.

"새로운 연인을 원하신다면 역시 적극 지원해드리겠습니다. 다만 정확히 어떤 유형을 원하는지 적어주셔야 합니다."

세상에나! 당신은 대체 어떤 사람을 연인으로 원할까? 제일 중요하다고 생각하는 것이 무엇인가? 튼튼한 몸, 재산, 사회적 신분? 아니면 유머 감각? 그도 아니면 정치의식?

"살고 싶은 곳도 다 알아봐드릴 테니 편안하게 고민해보십시오. 국내에서 살아도 좋고 외국도 좋습니다. 아파트, 아니면 단독 주택? 도시, 아니면 시골? 그곳에서 어떤 직업을 갖기를 원하시는지,

혹은 어떤 공부를 하고 싶은지 찬찬히 생각해서 결정하십시오."

당신은 의자를 젖히고 눈을 감은 채 미래를 그려본다. 어떤 곳에서 어떤 일을 하고 어떤 취미 활동을 즐기며 누구와 함께 살 것인가?

"돈은 넉넉합니다. 그 조폭 두목한테 엄청난 상금이 걸려 있었거든요. 이사를 가셔서 새 계좌를 만드시면 그 계좌로 바로 송금해드릴 겁니다."

당신은 믿을 수 없다는 표정으로 경찰서장을 쳐다본다. 이제 당신은 부자다. 은행에 돈을 두둑하게 넣어두고 마음 편하게 살 수 있다. 돈을 어디다 투자하지? 부동산 투자를 해볼까? 마음 편하게 은행에 넣어두고 조금씩 빼서 쓸까?

"급하지 않습니다. 천천히 생각해도 됩니다. 일단 여기서 나가서 저희가 구해둔 임시 거처로 옮긴 다음 더 고민해보십시오. 여기 양식을 두 장 드릴 테니까 한 장에는 지금의 인생에서 반드시 가지고 갈 것을 쓰시고 또 한 장에는 새로운 인생에서 바라는 것을 적어주십시오."

두 명의 사복 경찰이 당신을 방탄유리 차로 안내한다. 당신은 자동차의 뒷좌석에 앉아 그 두 양식을 채우기 시작한다. 지금부터 직접 양식을 작성해보자. 이 양식은 당신을 진짜 소망으로 인도하기 위한 연습 문제이다.

✓ 리스트 1
지금의 삶에서 꼭 가지고 갈 것

완전히 새로운 인생을 살더라도 지금의 삶에서 반드시 유지하고 싶은 것을 항목별로 적어보자.

가족:

_____

친구:

_____

직업:

_____

주거지 / 주거 상황:

_____

취미:

_____

습관:

_____

소유품(물건 / 돈):

_____

✓ 리스트 2
새 삶을 시작할 때 바꾸고 싶은 것

새로운 인생에서 바꾸고 싶은 것을 항목별로 적어보자.

가족:
_____

친구:
_____

직업:
_____

주거지 / 주거 상황:
_____

취미:
_____

습관:
_____

소유품(물건 / 돈):
_____

어린 시절, 나는 어떤 사람이 되고 싶었나

어린 시절을 떠올려보자. 오감을 총동원해 당신의 방에 붙어 있던 포스터, 오디오에 들어 있던 CD, 책장에 꽂혀 있던 책을 떠올려보자. 무슨 냄새가 나는가? 무슨 음악이 흘러나오는가? 당신이 제일 좋아하던 장소는 어디였는가?

그 시절 당신은 어떤 사람이었는가? 친구들 사이에서 인기가 좋았는가? 친구들을 모아놓고 어제 본 드라마, 어제 읽은 책을 줄줄 이야기해주던 아이였는가? 운동을 좋아해서 점심시간마다 운동장에서 뛰어놀던 아이? 너무 활달해서 선생님께 자주 꾸중을 듣던 아이? 밤을 새워서 책을 읽던 아이?

그 시절 당신은 어떤 사람이 되고 싶었는가? 어떤 직업을 택하고 싶었는가? 결혼을 해서 아이들과 그림 같은 집에서 살고 싶었는가?

그 시절 당신의 장점, 당신이 품었던 열정, 당신의 꿈과 미래의 목표를 적어보자.

_____

_____

_____

_____

이제 자신에게 물어보자. 이 중에서 무엇이 남았나? 이제라도 되찾고 싶은 것은 없는가? 어떻게 하면 그럴 수 있을까?

많은 사람들이 이 연습을 통해 잊었던 자신의 본성을 떠올리게 되었다고 고백한다. 예를 들어 35세의 한 직장인은 어린 시절에 "정의감이 투철했고 경찰이 되고 싶어 했다"라고 말했다. 6개월 후 그는 정의감을 살리기 위해 지금의 회사에서 노조 활동에 뛰어들었다. 그리고 지금까지 왕성한 활동을 펼치고 있다.

당신을
바꿀 수 있는 것은
당신뿐이다

완전히 새로운 인생을 살 수 있다니, 상상만 해도 멋있지 않은가? 그런데 세미나에서 이런 강연을 하면 사람들의 반응은 두 가지로 극명하게 갈린다.

어떤 사람은 완전 신이 나서 뒤돌아보지 않고 떠나겠다고 대답한다. 이미 어긋난 관계, 은행 좋은 일만 시키고 있는 집, 남보다 못한 친구, 꿈을 잃어버린 나……. 언젠가부터 이게 아니라는 생각으로 탈출을 꿈꾸던 사람들은 이게 웬 떡인가 싶어서 새로운 인생의 기회를 반긴다. 그러나 뜻밖에도 이런 사람들은 아주 소수에 불과하다.

대부분의 사람들은 정반대의 반응을 보인다. 지금의 나를 다 버려야 한다는 상상만으로도 견딜 수 없는 충격이 밀려들기 때문이다. 물론 잘못 살았다는 생각도 많이 했지만 아무리 틀려먹은 인생에도 몇 가지 잘한 것은 있는 법이다. 그런데 갑자기 버려야 한다니, 지금의 인생이 더 소중하게 느껴진다.

당신은 과연 리스트에 무엇을 적었는가? 양쪽을 비교해보라. 어느 쪽에 적힌 내용이 더 많은가? 인생의 어떤 부분에서 현실과 꿈의 간극이 제일 크게 벌어졌는가? 왜 그렇게 되었을까? 직관의 목소리를 외면했기 때문에? 당신의 꿈이라 생각했던 것이 알고 보니 남들의 기대였기 때문에?

공무원으로 겪었던 나의 방황을 떠올려본다. 물론 나도 얼른 취직을 하고 싶었다. 하지만 공무원은 아니었다. 나의 심장이 아니라고 외쳤어도 나는 남들의 말만 들었고 안정과 편안함을 좇았다. 그일을 하면서 어떤 의미를 찾을 수 있을지는 전혀 따지지 않았다.

당신의 소망은 어떤가? 당신은 심장의 소리에 얼마나 귀 기울이는가? 조금 전 당신이 리스트에 적은 내용을 읽으면 어떤 기분이 드는가? 눈이 번쩍 뜨이고 심장이 두근거리는가? 그 소망이 이루어졌을 때 당신의 인생은 의미로 가득 찰 것만 같은가?

정말로 그런 소망이라면 이제 이렇게 물어야 할 것이다. 어떻게 하면 이 현실과 꿈의 간극을 메울 수 있을까? 가장 중요한 첫걸음은 당신의 머리에서 일어난다. 현실에 대해 책임을 져라. 당신이 스스로 이런 현실을 선택했다는 사실을 인정해야만 기존의 선택을 바꿀 수 있다.

그렇지 않고 남의 탓만 한다면, 남편 때문에, 상사 때문에, 이 빌어먹을 놈의 세상 때문에 내가 이 모양 이 꼴로 산다고 한탄한다면 당신은 앞으로도 영원히 남의 손에 이리저리 흔들리는 꼭두각시로 남을 것이다.

그러므로 기억해야 한다. 당신은 이 가정, 이 직장, 이 상사, 이 친구, 이 습관, 이 물건, 그러니까 지금의 이 삶을 모두 스스로 선택했다.

가장 중요한 첫걸음

그다음으로 생각해야 할 것이 습관의 힘이다. 아리스토텔레스도 말했다. 인간에게는 두 가지 천성이 있으며, 하나는 태어날 때 만들어지지만, 다른 하나는 습관으로 만들어진다고. 당신의 행동이 당신을 진정한 소망으로 이끌 것인가는 당신의 손에 달려 있다. 독일의 작가 토마스 만Thomas Mann은 말했다. "습관은 밧줄이다. 매일 그 줄을 한 가닥씩 짜기 때문에 우리는 절대 그 줄을 끊어버릴 수 없다."

과거의 나처럼 직업을 잘못 택했다는 확신이 들거든 길은 두 가지이다. 첫째, 줄을 끊어버리는 것이다. 둘째, 끊긴 자리에서 시작하여 다시 의미의 새 밧줄을 꼬는 것이다. 한번 물어보자. 어떻게 해야 이 현실을 의미로 채울 수 있을까?

예를 들어 과거의 나였다면 구청에서 가능한 한 창의적인 활동을 찾아다녔을 수 있다. 지역 신문에 구청 활동이나 지역의 역사와 관련된 칼럼을 쓰거나 구민 축제를 기획하는 것이다. 한마디로 현실의 테두리 안에서 나의 창의성을 살리는 방안을 모색할 수 있었을 것이다. 그런 좋은 습관이 삶의 질을 현저히 높였을 것이다. 물론 그럴 수 있으려면 먼저 자신이 따분한 일자리의 희생자라는 패배주의적 사고를 버려야 한다. 그리고 스스로 변화를 모색하기 위해 보다 적극적으로 노력해야 한다.

당신의 인생에서 모자란 것이 있다 해도 그것을 빚쟁이처럼 상사에게, 파트너에게, 운명에게 내놓으라고 강요해서는 안 된다. 아무리 재촉해도 돌려받을 수 없는 돈이다. 그들은 당신에게 빚을 진 적이 없기 때문이다. 당신에게 돌아온 것은 결국 당신이 인생에게 준 것이다.

세계적인 영적 지도자로 불리는 미국의 작가 바이런 케이티Byron Katie는 그의 유명한 인생 탐구법인 '워크The Work'의 마지막 단계로 자신의 삶에 대한 평소 생각을 자기 자신에게 적용해볼 것을 권한다. 즉 '내 직업은 너무 따분해'를 '나는 너무 따분해'로, '내 남편은 너무 매정해'를 '나는 너무 매정해'로 바꾸어보는 것이다. 좀 잔인한 짓 같지만 해보면 생각을 바꾸는 소중한 기회가 될 수 있다. 당신이 바꿀 수 있는 것은 당신뿐이다. 당신이 남을 바꿀 수는 없다. 그러나 자신을 바꾸는 사람은 남들에게서도 변화를 이끌어낼 수 있다.

소중히 간직하고 싶은 것은 간직해라. 그러나 바꾸고 싶은 것은 과감히 바꾸어라. 바꿀 수 없다면 그 안에서 최선을 끌어내라. 아마 많은 것을 당신의 새 인생으로 가져갈 수 있을 것이다.

"자신이 가장 중요하게 여기는 가치를 직접 실현해야 한다."

임명된 지 5일 후 세계적인 기업의 회장님은 전화기를 들고 고향의 작은 노점 가판 대 주인 다니엘 델 레그노에게 직접 전화를 걸었다. 그러고는 오랜 세월 신문을 보 내주어서 감사했다는 인사를 전한 후 정기구독을 취소했다. 델 레그노는 처음에는 장난 전화인 줄 알았다. TV에서밖에 볼 수 없는 그런 세계적인 인물이 그에게 전화 를 걸다니 말이 안 되는 일이었기 때문이다. 하지만 회장님은 말했다. "장난이 아닙 니다. 진짜 나란 말입니다."

기업의 직원들도 깜짝 놀라기는 마찬가지였다. 새 회장님이 빵빵한 관용차를 두고 걸핏하면 버스를 타고 다녔기 때문이다. 또 기업 간부들에게 리무진 대신 작은 차 를 타라는 지시를 내렸고 자신은 낡은 포드 포커스를 타고 다녔다. 전용 요리사가 있는데도 식사도 구내식당에서 평직원들과 함께 했다. 호화로운 사택도 거부하고 소박한 방을 선택했다.

그때까지는 모두가 이런 세계적인 기업의 회장이라면 신분에 걸맞은 상징들을 누 려야 마땅하다고 생각했다. 하지만 그 모든 혜택을 거부한 그에게 사방에서 찬사가 쏟아졌다. 그가 권력의 징표들을 과감히 버리고 자신이 가장 중요하게 생각한 가치 를 몸으로 실현했기 때문이다. 그 가치는 바로 '겸손'이었다.

그 기업의 이름은 가톨릭 교회이다. 회장님의 이름은 호르헤 마리오 베르골료Jorge Mario Bergoglio, 즉 우리가 아는 프란치스코 교황이다.

6

관점을 바꾸는 연습

이제 더 과감하게
나의 길을 걷기로 한다

내 인생의
방향을
바꾸고 싶다

뒤셀도르프에서 한 행인이 한밤중에 은행 셔터 밑으로 기어들어가는 남자를 보고 경찰에 신고했다. 순찰차 다섯 대가 출동했고 총을 빼 든 경찰관들이 건물을 에워쌌다. 도망치기란 절대 불가능했고 결국 범인은 자수했다. 그리고 고백했다. 자신은 은행 강도가 아니라 야근을 하러 온 은행 직원이라고. 밤에는 은행 출입이 불가능하기 때문에 궁여지책으로 바닥으로 기어들어간 것이라고. 체포할 이유가 없었다. 어차피 그는 일의 포로였으므로……

많은 사람들이 일을 하며 고통스러워하는 것은 두 가지 때문이다. 열악한 노동 조건, 그리고 '성공'에 대해 귀가 따갑도록 듣는 말들 때문이다. 모두가 성공은 곧 승진이라고 말한다. 사무직이 기술직보다 낫다고 하고, 동료는 출세의 경쟁자라고 하며, 모든 결정은 이력에 걸림돌이 될지를 따져서 내려야 하고, 야근 없는 출세는 없다고도 하며, 마흔이나 쉰에 이직을 하겠다고 하면 미쳤다고 한다.

오랜 세월 직장인들에게 자문을 해온 내가 충고한다. 이런 말을 들으면 바로 무시해버려라! 출세의 사다리를 얼마나 높이 올라갈지는 중요하지 않다. 아침마다 즐거운 마음으로 출근한다면 그것으로 이미 좋은 징조다. 거기에다 당신의 재능을 일에 쏟아부을 수 있다면, 일을 통해 의미를 찾을 수 있고 직장 동료들이 마음에 든다면 나는 흔쾌히 당신에게 축하 인사를 보낼 것이다. 당신은 이 세상 수많은 최고 경영자들보다 훨씬 더 많은 것을 이룬 사람이니까.

높은 가지에 오른 새의 노래가 더 아름다운 것이 아니듯 출세의 사다리를 높이 오른 인간이 반드시 더 행복한 것은 아니다. 당신 회사의 상사들을 한번 가만히 살펴봐라.

자기 일을 사랑하는 간호사와 일을 싫어하는 병원장 중 누가 더 성공한 사람일까? 자기 직업을 사랑하는 환경미화원이 환경미화기업 사장보다 불쌍한 사람일까? 젊은 유치원 교사는 연봉이 두 배 더 많은 젊은 기업 자문에 비해 성취감도 절반만 느껴야 마땅할까? 물론 간호사가, 환경미화원이, 유치원 교사가 스스로를 인생 패배자라고 느낄 수도 있다. 행복이 연봉과 비례한다고 생각한다면, 혹은 세상 사람들의 말이 내 감정이나 내 느낌보다 더 중요하다고 생각한다면 말이다.

새로운 출발을 꿈꾼다면 해야 할 것

·
·
·

당신에게 최고 경영자의 연봉을 받을 수 있는 세 가지 방법이 있다고 가정해보자. 첫째, 지금 하는 일을 쭉 하면서 연봉만 많이 받는다. 그러니까 하는 일도 똑같고 동료들도 똑같고 직장도 똑같다. 둘째, 다른 직업을 택하거나 창업을 한다. 그러자면 당연히 업무도 새로 배워야 하고 인간관계도 새로 쌓아야 한다. 셋째, 실제로 최고 경영자 자리에 오른다. 당신이라면 셋 중 어느 쪽을 택할 것인가?

내가 설문 조사를 해본 결과 열 명 중 여덟 명은 최고 경영자가 되지 않겠다고 했다. 다섯 명은 하던 일을 계속하겠다고 했고 세 명은 직업을 바꾸겠다고 했다. 최고 경영자가 되고 싶다는 사람은 단두 명밖에 없었다. 대부분이 야망이 크고 주도적인 활동을 좋아하는 사람들이었다. 그러니까 원래부터 출세를 지향하는 사람들이었다.

당신의 대답은 무엇인가? 그 대답이 당신의 직업 만족도를 말해주는 것 같지 않은가? 당신은 지금의 직장에서 어떤 가치를 실현할수 있는가? 그 가치가 겉보기보다 훨씬 더 큰 의미를 갖지는 않나? 만일 그렇다면 이런 만족감을 지금보다 더 확실히 깨달을 수 있는 방법은 무엇일까?

두 번째 대답을 택했다면 왜 당신은 지금 당장 직장을 옮기지 않는가? 너무 위험하다는 호사가들의 입방아 때문에? 사실 세상 그 누구도 지금의 일자리가 새 일자리보다 안전하다고 보장해줄 수 없다. 다시 시작하기엔 당신 나이가 너무 많다고 말리는 사람들이 많은가? 지금 당신이 설사 쉰이라고 해도 적어도 20년은 더 일할 수 있다. 무려 20년이다! 날짜로 따지면 4600일이고 시간으로 따지면 무려 3만 6800시간이다. 그런데 새 출발이 무의미하다고? 앞으로 10년을 더 산 후에 10년 후배가 당신에게 너무 나이가 많아 새 출발을 못하겠다고 한다면 당신은 무슨 말을 하겠는가? 분명 이렇게 말해줄 것이다. "당장 시작해, 젊은 사람아!"

창업을 꿈꾼다 해도 마찬가지이다. 문을 열기도 전에 파산할 것이라는 주변 사람들의 호들갑에 지레 겁먹지 마라. 자기 회사를 차리면 정말 장점이 많다. 무엇보다 내 일을 할 수 있다. 누구의 지시를 받을 이유도 해고를 당할 일도 없다. 또 열심히 일하면 내 주머니가 두둑해진다. 힘들게 일하면서 회사만 배 불리는 사태가 없다는 말이다. 나는 처음 창업을 했다가 망했어도 다시 문을 열어 성공한 사람들을 많이 만났다. 중요한 것은 인내와 끈기이다. 오늘날 창업자에게 필요한 것은 창업 자금이 아니라 눈부신 창의력이다.

새 직업을 시작하고 싶다면 왕도는 무엇일까? 그 분야에서 활동하고 있는 사람들을 최대한 많이 만나보아야 한다. 현실적인 그림을 그릴 수 있어서 좋고 이들을 통해 인맥을 쌓을 수 있어서 좋다. 기대가 현실적일수록 성공의 확률도 높아진다. 이 세상에 완벽한 꿈의 직업은 없기 때문이다. 항상 재미있는 직업은 없다. 팝스타들도 음반 한 장 내기 위해 죽을 고생을 하며 연습을 하고, 형사들도 범인을 쫓아다니는 시간보다 서류를 붙들고 씨름하는 시간이 더 많다.

그 말을 들으니 의욕이 팍 꺾인다고? 그렇지 않다. 우리 인간은 24시간 행복하려고 태어난 존재가 아니다. 만일 그렇다면 너무 따분해 죽을 것이다. 인간은 '쾌락의 쳇바퀴hedonic treadmill'를 위해, 장애물 극복을 위해 태어난 존재이다. 우리는 항상 두뇌의 보상 시스템을 가동하여 좋은 기분을 끌어내고 나쁜 기분을 피하려고 노력하지만 이런 꿈을 결코 이루지 못한다.

왜 시지프는 어차피 굴러 떨어질 바윗덩어리를 땀을 뻘뻘 흘리며 위로 밀어 올릴까? 그 바위에 책임감을 느끼기 때문이다. 아마 바위가 산꼭대기에 가만히 있다면 그는 인생의 의미를 잃고 말 것이다. 그래서 노벨 문학상을 탄 프랑스 작가 알베르 카뮈Albert Camus는 철학 에세이《시지프의 신화Le Mythe de Sisyphe》에서 우리는 그를 행복한 사람으로 상상해야 한다고 말했던 것이다.

경찰을 출동시킨 그 은행 직원은 불쌍한 번아웃 후보자일지도 모른다. 하지만 시간을 잊고 일에 매진할 수 있는 행복한 사람일지도 모른다. 그것을 아는 사람은 단 한 사람뿐이다. 바로 그 자신 말이다.

바꿀 수 있다고 믿어야
바꿀 수 있다

철학자 쇼펜하우어가 이 책을 읽고 있는 당신을 본다면 뭐라고 할까? 아마 고개를 절레절레 저으며 불쌍하다는 표정으로 이렇게 물을 것이다.

"이걸 뭐 하러 읽나?"

그럼 당신은 이렇게 대답할 것이다.

"변화의 계기로 삼고 싶어서요."

그 말에 쇼펜하우어는 무엇이라 대답할까? 도둑이 들까 봐 무서워서 머리맡에 항상 권총을 두고 자던 그가? 이발사가 목을 벨까봐 무서워 이발소에서 면도도 못 하던 그가? 수다스러운 이웃 여자를 못 참고 확 떠미는 바람에 평생 그녀에게 배상금을 지불해야 했던 그가? 쇼펜하우어는 아마 이렇게 대답할 것이다.

"이런 멍청이를 보았나. 자네는 자유 의지로 인생을 선택할 수 있다고 생각하나 보지? 절대 그렇지 않아. 오히려 인생이 자네를 선택하는 거야!"

철학의 역사만큼이나 오래된 이 문제는 요즘 들어 현대 두뇌 연구의 재조명 대상으로 떠올랐다. 우리의 의지는 얼마나 자유로운가? 당신은 규칙과 의무를 무시하고 자유로운 결정을 내릴 수 있을까? 당신의 생각을 마음대로 좌우할 수 있을까? 그게 아니라면 당신은 주인의 손을 떠난 공에 불과할까? 유전자가, 교육이, 운명이 이끄는 길을 갈 수밖에 없는 존재일까? 그러니까 이따위 책을 아무리 읽어봤자 정해진 운명대로 살 수밖에 없는 것일까?

쇼펜하우어는 당신에게 고민거리를 던져주었다. 하지만 이대로 물러설 수 없으니 당신도 반격을 꾀한다.

"당연히 결정할 수 있죠. 서점에 깔린 수많은 책 중에서 이 책을 골랐잖아요. 그건 당연히 자유 의지였죠."

당신의 반박에 기분이 나빠진 철학자가 예를 든다.

"길에 서서 생각하는 사람을 상상해보게. '지금은 저녁 6시. 일이 끝났다. 나는 산책을 할 수도 있고 술을 한잔할 수도 있다. 또 탑에 올라 일몰을 구경할 수도 있고 극장에 갈 수도 있고 친구를 만날 수도 있다. 그래, 성 밖 저 먼 세상으로 나가서 영영 안 돌아올 수도 있다. 이 모든 것은 오직 내게 달렸고 내게는 완벽한 자유가 있다. 하지만 지금은 아무것도 하지 않고 역시나 자발적으로 아내가 기다리는 집으로 돌아간다'라고 생각하는 사람을 말이야."

당신은 고개를 끄덕인다. 그 남자에게는 수많은 가능성 중에서 자신이 원하는 것을 고를 수 있는 자유가 있다. 하지만 당신의 생각을 읽은 것인지 잠시 말을 멈추었던 쇼펜하우어가 다시 입을 연다.

"이것은 물이 이렇게 이야기하는 것과 다를 바가 없네. '난 (바다에서 태풍이 칠 때) 큰 파도를 만들 수 있다. 나는 (강바닥에서) 세차게 아래로 내려갈 수 있다. 나는 (폭포에서) 거품을 일으키며 떨어질 수 있다. 나는 (분수에서) 자유롭게 물줄기가 되어 허공으로 솟아오를 수 있다. 나는 (80도 온도에서) 펄펄 끓어올라 수증기로 사라질 수 있다. 하지만 지금은 아무것도 하지 않고 자발적으로 맑은 연못에 가만히 있다.' 물이 결정적인 원인이 있을 때에만 그 모든 것을 할 수 있듯, 모든 것을 다 할 수 있다고 생각하는 그 사람도 별반 다르지 않지. 원인이 있을 때까지 그에겐 그 모든 것이 불가능하니까. 하지만 물이 그러하듯 정작 원인이 있을 경우 그는 그 모든 것을 어쩔 수 없이 할 수밖에 없다네."

당신은 생각한다. '논리적이군!' 하지만 철학자의 논리를 뒤흔들 수 있는 아이디어가 번쩍 떠오른다.

"자유 의지를 부인하는 당신의 이 말을 그 남자가 들었다면 무엇이라고 대답할까요? 반증을 보여주기 위해 집에 가지 않고 다른 선택을 하지 않을까요?"

쇼펜하우어의 입가에 미소가 떠오른다.

"그렇다면 그건 나의 부인이 그의 반항심에 불을 지펴 그에게 행동의 동기를 유발한 것이 되겠지. 그래봤자 그는 앞에서 열거한 여러 가지 행동 중에서 될 수 있는 대로 하기 쉬운 것을 고를 것이네. 뭐, 기껏해야 극장에 가는 정도겠지. 결코 마지막 선택, 즉 먼 세상으로 나가는 길은 택하지 못할 거야. 그러기엔 동기가 너무 약하거든."

내가 인생을 선택하는가, 인생이 나를 선택하는가

〈인간 의지의 자유에 대하여〉라는 논문에 나오는 이 사례가 입증하듯 쇼펜하우어는 위대한 철학자이자 위대한 염세주의자였다. 그가 주장했던 자유의 결핍은 오늘날 두뇌학자들의 입을 통해 다시금 대중의 관심을 모으고 있다.

그러나 빅터 프랭클이 나치 수용소에서 살아남을 수 있었던 것은 미래에 대한 믿음을 통해 절망의 늪을 탈출했기 때문이 아니었을까? 그가 그런 꿈을 꿀 운명이기 때문이었을까? 상담과 행동 치료를 통해 수많은 사람들이 더 나은 삶을 살 수 있는 것은 무엇 때문일까? 그들 역시 태어날 때부터 행동 치료에 성공하도록 정해져 있었던 것일까?

나는 그렇지 않다고 확신한다. 당신은 꼭 당신이 믿는 만큼 불행하다고 나는 확신한다. 불행했던 어린 시절 탓에 평생 행복하지 못할 것이라고 믿는다면 정말로 평생 행복하지 못할 것이다. 무의식이 알아서 불행을 향해 나아갈 것이기 때문이다. 인생을 그저 운명의 강물에 떠다니는 조각배라고 생각한다면 그 사람은 평생 남의 손에 끌려다니며 살 수밖에 없다.

나는 수없이 많은 사람들을 만나 상담을 했고 그 과정에서 많은 것을 깨달았다. 인생을 바꿀 수 있다고 믿는 사람은 바꿀 수 있다. 나는 마침내 일을 손에서 내려놓은 일 중독자를 보았다. 상생을 꿈꾸게 된 독재자 사장님도 만났다. 되는대로 살아도 행복하다는 완벽주의자 엄마도 만났다. 그들이 변화에 성공할 수 있었던 것은 오직 진정한 변화를 작심했기 때문이다.

미국의 작가 데이비드 포스터 월리스David Foster Wallace는 한 대학 졸업식 축사에서 졸업생들에게 인생으로 무기력하게 미끄러져 들어가서는 안 된다고 충고했다. '진정한 교육의 자유'란 의식적으로 하나의 인생을 결정하는 것이라고 말이다. 모든 인간에겐 '생각의 내용을 결정할 큰 자유'가 있으므로 '아무 생각 없는 삶'을 경계하기만 하면 된다고 말이다. 그의 연설은 이런 이야기로 시작한다. 두 마리 어린 물고기를 만난 늙은 물고기가 묻는다.

"얘들아, 안녕. 오늘 물이 어때?"

그 늙은 물고기와 헤어져 계속 헤엄쳐가던 한 마리 어린 물고기가 친구에게 묻는다.

"근데 물이 뭐야?"

우리 모두는 유전자와 환경의 영향에서 자유로울 수 없다. 그렇다고 해서 생각을 멈추거나 포기해서는 안 된다. 타고난 본성과 교육이 우리 머리에 심어놓은 것은 결코 영원하지 않기 때문이다. 소심하게 태어난 사람은 정말로 평생 소심할 수밖에 없을까? 타고난 소심함을 교육과 경험과 신념이 더 부추길 수도 있지만, 그럼에도 새로운 신념이나 극복의 노력을 통해 적극적인 사람으로 거듭날 수도 있지 않을까?

나는 장담할 수 있다. 당신의 생각과 느낌이 당신을 결정하는 것이 아니다. 당신이 생각과 느낌을 결정한다. 세상이 우기는 것보다 당신의 결정권은 훨씬 더 크다. 세상의 감언이설에 넘어가지 말고 한계를 넓히고 자신의 개성을 존중하라. 당신이 목표를 달성하더라도 쇼펜하우어는 말할 것이다. 당신은 애당초 그렇게 되도록 정해져 있었다고. 그러거나 말거나 중요한 것은 당신의 목표 달성이다.

당신이 쏟은 열정은
결국 당신에게
되돌아온다

"전화기를 들 때마다 짜증이 치밀어 올라요."

잉고 크람머(39세)가 인상을 쓰면서 말했다.

"대부분의 고객들이 화가 나 있는 상태거든요. 그래서 다짜고짜 전화기에 대고 왈왈 짖기부터 하죠. 아니, 짖는 정도가 아니라 내 발에 오줌을 갈기는 식이에요."

그는 자기 직업을 욕받이, 남의 매를 대신 맞아주는 매품팔이라고 생각했다. 잉고는 통신회사 콜센터에서 근무한다. 그 회사 직원들의 개별 상담을 내가 맡고 있어서 그날 내 상담실을 찾아왔던 것이다. 회사 측에 부탁할 말이 없냐는 내 질문에 그는 이렇게 대답했다.

"회사에서 우리 일을 더 인정해주어야 합니다. 불친절한 고객에게는 우리도 맞대응할 수 있어야 한다고 봅니다."

그다음으로 그의 여성 동료인 프랑카 움버(25세)가 들어왔다. 나는 같은 부서이니까 아마 똑같은 하소연이 튀어나올 것이라고 예상했다. 그래서 조심스럽게 먼저 질문을 던졌다.

"전화가 울리면 기분이 어때요?"

그런데 뜻밖의 대답이 나왔다.

"매번 정말 기쁘죠. 고객의 어려움을 해결해드릴 수 있으니까요. 그래서 매번 이번에는 어떤 문제일까 흥미진진하답니다. 어려운 처지에 놓인 고객이 전화를 하는 거니까 얼른 문제를 해결해드려야죠."

"전화를 거는 고객들이 대부분 화가 나 있을 텐데요."

"맞아요. 고함소리가 너무 커서 전화기를 귀에서 저만치 떼어놓을 때도 있어요. 그럴 땐 이렇게 생각하죠. '우와. 신기해. 사람마다 화내는 목소리가 다 달라. 어떤 사람은 저음이고 어떤 사람은 고음이구나.' 요즘엔 고객의 목소리만 들어도 어떤 타입인지 알 것 같아요. 심리학자가 다 되었다니까요."

"그럴 땐 어떻게 하시나요?"

그녀가 미소를 짓는다.

"완전히 상대방의 입장이 될 수 있을까, 나 자신을 시험해봐요. 지금 내가 저 사람 입장이면 어떨까? 예를 들어 채팅방에서 누구랑 만나기로 약속을 했는데 그 채팅방에 들어갈 수가 없는 거예요. 못 들어간다고 사과조차 할 수 없고요. 그러면 얼마나 화가 나겠어요? 그렇게 생각하면 상대방이 완전히 이해가 되죠."

"그런 다음에는 어떻게 하세요?"

"고객의 문제와 분노를 제 말로 다시 한번 표현을 해봐요. '정말 화가 나시겠어요. 채팅을 무척 고대하셨을 텐데. 상대가 고객님을 약속도 안 지키는 사람이라고 생각할 수도 있잖아요. 그것도 순전히 기술적인 문제 때문에요. 저라도 정말 화가 날 것 같아요'라고 말이죠."

"그럼 고객들의 반응은 어떤가요?"

그녀가 내 쪽으로 몸을 더 들이밀었다.

"이게 정말 긴장되는 순간인데요, 핸드볼 경기하고 똑같아요. 내가 공을 던지면 들어갔을까, 안 들어갔을까 궁금해하게 되죠. 대부분은 상대의 목소리가 확 바뀌면서 화가 팍 수그러들어요. '아, 물론 지금 상담하시는 분의 잘못은 아니죠.' 이렇게 말씀을 하시거든요."

"화가 안 풀리는 고객도 있을 거 아니에요?"

"그럼 속으로 이렇게 말하죠. '정말 최선을 다해서 고객의 불만을 들어줘야 해!' 대부분은 그렇게 정성을 다하면 마음이 풀린답니다. 그럴 때마다 저는 쾌재를 불러요."

"왜요?"

"이렇게 상상하는 거죠. '저 고객은 입에 거품을 물었다. 아마 애들이 말썽을 부려서 호통을 쳤거나 아내하고 대판 싸웠을 것이다. 그런데 지금 나랑 대화를 나누고 나니 다시 마음이 가라앉았다.' 내 직업은 정말 괜찮은 것 같아요."

똑같은 일을 하는 두 사람이 어떻게 이토록 전혀 다른 이야기를 할 수 있을까? 결국 문제는 어떤 일을 하느냐가 아니라 어떻게 하느냐인 것이다.

나는 어느 순간 가장 몰입하는가

아이들을 모래사장에 데려다놓고 가만히 지켜보라. 순식간에 건축 기사로 탈바꿈하여 집을 짓고 허물고 또 지을 것이고, 모래에 그림도 그리고 서로 뒹굴면서 정말 재미나게 놀 것이다. 아마 세상만사를 까맣고 잊고 놀이에 흠뻑 빠질 것이다.

그렇게 자신이 지금 하는 일에 푹 빠지는 상태를 두고 심리학자 미하이 칙센트미하이는 '플로flow'라는 말을 썼다. 플로, 즉 몰입에 이르기 위해서는 세 가지 조건이 필요하다. 첫째, 명확한 목표가 있어야 한다. 둘째, 행동의 대가로 직접적인 피드백이 있어야 한다. 셋째, 요구와 능력이 건강한 관계여야 한다. 즉, 능력에 비해 요구가 지나쳐서도 미약해서도 안 된다는 뜻이다.

연구 결과를 보면 사람들은 목표가 없는 여가 시간보다 일을 할 때 몰입 상태를 더 많이 경험한다고 한다. 앞에서 대화를 나눈 프랑카도 그랬다. 그녀는 고객의 마음을 진정시키겠다는 명확한 목표가 있었다. 그리고 직접적인 피드백, 즉 고객의 반응을 얻었고 자신이 맡은 일이 자기 능력에 딱 맞다고 생각했다. 그래서 핸드볼 경기를 예로 들면서 재미있다고 표현했다. 마치 심리학자라도 된 것처럼 자신의 업무에 큰 의미를 부여한 것이다. 반면 잉고는 자기 직업을 부당하게 고객에게 욕을 들어먹는 '욕받이'라고 표현했다.

바로 여기에 차이가 있다. 전자는 적극적으로 업무를 처리하지만 후자는 자신을 피해자라고 생각한다. 물론 부당하게 피해자가 되는 상황도 있을 수 있다. 하지만 여기서 내가 말하고자 하는 것은 몰입에 다가서는 태도이다. 전자의 태도는 만족을 주지만 후자의 태도는 불만을 낳는다. 내가 회사 측에 어떤 부탁을 하고 싶으냐고 물었을 때도 대답은 비슷했다. 회사에 부탁을 하는 것은 산타 할아버지에게 소원을 비는 것과 같다. 그 소원을 들어줄지 안 들어줄지 아무도 모른다. 잉고의 행복은 상사의 인정과 칭찬에 달렸기 때문에 그는 불행할 수밖에 없다. 반면 프랑카는 맡은 업무와 그 업무의 성공 자체에서 의욕을 끌어내는 사람이다. 당연히 회사 상황에 따라 이리저리 휘둘릴 이유가 없다.

직업이 무엇이든 당신의 성공은 당신의 태도에 달렸다. 미국의 작가 펄 벅Pearl Buck은 이렇게 말했다. "많은 사람들이 큰 행복을 고대하느라 작은 행복을 놓친다." 당신은 어떤가? 자신이 하는 일을 항상 도전으로 생각하고 그 업무에 의미를 부여할 수 있는가? 일을 할 때 완전히 푹 빠져 몰입할 수 있는가? 중요한 것은 생각의 레이저 광선을 현재에 집중하는 것이다. 생각이 다른 곳으로 향하면 기

분은 항상 울적해진다. 미국의 학자 매트 킬링스워스Matt Killingsworth
와 대니얼 길버트Daniel Gilbert가 스마트폰 애플리케이션인 '트랙 유
어 해피니스Track Your Happiness'로 실험을 한 결과가 이 사실을 입증
한다. 2250명의 성인에게 무작위 시점에 현재 자신의 기분이 어떤
지, 무슨 생각을 하고 무슨 일을 하는지 적어보라고 했다. 그랬더니
하는 일과 생각이 일치하는 사람이 가장 행복했다. 지금 하는 일을
머릿속으로 생각하는 사람이 긍정적인 다른 일을 떠올린 사람보다
도 더 행복했던 것이다.

주의 깊게 현재의 일에 집중하는 것이야말로 삶의 질을 높이는
지름길이다. 일상적인 일을 할 때도 마찬가지이다. 집에서 청소기
를 돌릴 때 당신은 술에 취한 손님을 억지로 내쫓는 술집 주인일 수
도, 집중하여 한 코스 한 코스 공을 멋들어지게 홀인시키는 골프 선
수일 수도 있다. 해야 하는 일이니까 억지로 한다고 생각하면 청소
는 먼지를 들이마시는 고통스러운 일이지만 집 안을 차례차례 청결
하게 만든다고 생각하면 즐거운 게임이 될 수도 있는 것이다.

어떤 일에서건 당신이 쏟은 사랑은 결국 당신에게 되돌아오기 마
련이다. 스스로 만들어낸 노동의 기쁨이 종속의 사슬을 푼다. 그렇
게 되면 승진에 목을 매지 않을 것이고 상사의 칭찬이나 고객의 평
가를 걱정하지 않을 것이며, 세상 사람들이 알아주는 직업이 아니
라고, '이달의 직원'으로 뽑히지 않았다고 시름에 젖을 일도 없을 것
이다. 보상은 이미 자신에게서 받았다. 자신이 하는 일을 사랑하니

까, 그리고 자신이 사랑하는 일을 하니까 말이다.

당신의 일은 어떤가? 당신은 어떤 순간에 완전히 몰입하는가? 모래사장에서 노는 아이들처럼 시간 가는 줄도 모르고 푹 빠져 일할 때가 있는가? 그런 순간을 더 늘리기 위해 당신이 할 수 있는 일은 무엇인가? 어떻게 하면 당신의 직업을 더 재미나게, 더 즐겁게 만들 수 있을까? 어떻게 하면 당신의 능력에 맞게 업무의 수준을 높이거나 낮출 수 있을까?

내가 아는 한 판매 직원은 고객을 응대하기가 참 힘들다고 하소연했었다. 그러다 어느 날부터 매장에 들어오는 고객이 어떤 물건을 사러 왔는지 속으로 맞춰보는 게임을 시작했다. 그사이 적중률은 놀랄 정도로 높아졌고 고객을 향한 그의 관심도 날로 커졌다. 실제로 요즘엔 그의 예상이 거의 맞아떨어진다. 매장에 손님이 들어오면 바로 다가가 "해머드릴 찾으시죠?"라고 물어서 고객이 깜짝 놀라게 될 때도 있다.

모든 일에는 두 가지 잠재력이 숨어 있다. 실망의 잠재력과 몰입의 잠재력이다. 어느 쪽의 잠재력을 깨울 것인지는 당신에게 달려있다. 프랑카는 몰입을 선택했다.

우리는 왜 항상
남들이 우리보다
더 행복하다고 생각할까?

프로 운동선수들이 겪을 수 있는 최고의 불행은 두 가지이다. 첫 번째 불행은 누구나 짐작할 수 있다. 그렇다. 올림픽에서 메달을 못 따는 것이다. 모든 것을 참고 4년을 버텼는데 빈손으로 돌아가야 한다니 얼마나 불행하겠는가? 그러나 메달을 따고도 더 불행할 수 있다. 엥? 시상대에 오른 선수가 불행하다고? 그렇다. 이 두 번째 불행이야말로 진짜 불행이다. 바로 은메달을 따는 것이다.

시상대에 오른 2등은 무슨 생각을 할까? 3등을 내려다보며 고단했던 4년을 보상받을까? 그렇지 않다. 그는 생각한다. '빌어먹을. 10분의 1초만 빨랐어도 금메달인데.' 그는 자신이 슬로비디오에서 보이는 것처럼 결승점을 통과한 느려터진 굼벵이라고 생각한다. 100미터를 10초에 주파했으면서도 세상에서 제일 느린 거북이라고 생각한다.

3등은 무슨 생각을 할 것 같은가? 2등도 아닌 3등이니까 더 고개를 푹 숙일까? 그렇지 않다. 3등은 귀가 찢어질 듯 환하게 웃으며 생각한다. '땡잡았어. 시상대에 오르다니 이게 웬 떡이야.'

그런데 2등을 해서 은메달을 딴 선수는 자신이 패배했다고 생각한다. 심한 경우 그 패배감이 평생을 갈 수도 있다. 미국 중거리 육상선수 아벨 키비아트Abel Kiviat는 1912년 스톡홀름에서 열린 올림픽 1500미터 육상경기에서 마지막 몇 미터를 앞두고 추월당했다. 그래서 정말 평생 동안 두고두고 괴로워했다. 심지어 90세가 넘어서도 한밤중에 자다가 울화가 치밀어 벌떡 일어난다고 했다. '어쩌다 내가 졌지?' 하고 말이다.

실제로 그는 '졌다'고 생각했다. 전 세계 1500미터 육상선수 중 두 번째로 뛰어난 선수이며, 수백 명의 프로 육상선수와 수백만 명의 아마추어 육상선수들을 앞지른 스피드의 귀재였으면서도 말이다. 차라리 3등이었더라면, 아니, 아예 시상대에 오르지 못했더라면 그 편이 정신 건강에는 훨씬 더 좋을 뻔했다.

이런 사람을 스포츠 경기에서만 볼 수 있는 것은 아니다. 비싼 명품 양복을 차려입고 내게 자기 인생이 너무 초라하다고 투덜거리던 라르스 바이네르트(39세) 역시 자신이 패자라고 생각했다.

"무슨 말도 안 되는 소리예요? 이렇게 성공한 사람이."

내가 반박했다. 그는 나를 째려보며 대답했다.

"성공이요? 기껏해야 2부 리그에서 뛰는 주젠데."

"대표님이잖아요. 어엿한 기업을 이끄는 사장님."

"이게 무슨 기업이에요? 상장된 것도 아니고, 이름만 대면 누구나 아는 회사도 아닌데."

"세상에, 직원이 750명이나 되고 매출이 1500만을 넘으면서 그게 기업이 아니면 뭐예요?"

"그냥 구멍가게죠. 대기업 하루 껌 값도 안 되는 매출이잖아요."

"이제 겨우 39세인데 언젠가……."

"언젠가 어디 '듣보잡' 회사한테 따라잡히겠죠. 기차는 이미 출발했어요. 한번 중소기업은 영원한 중소기업이에요."

다시 한 번 말하지만 라르스는 연봉이 4만 2000유로에 성과금도 많이 받는 사장님이다. 회사는 3년마다 수익이 22퍼센트씩 늘고 있다. 그 지역에서 그는 제왕이나 다름없는 대접을 받는다. 그런데도 그는 자신을 패자라고 생각한다. 그의 시선은 오직 금메달을 향해, 상장 대기업을 향해 있다.

야망이 큰 사람일수록 이런 비교의 덫에 빠지기가 쉽다. 항상 거인만 쳐다보면 자신이 난쟁이처럼 보일 수밖에 없다. 시장은 대통령이 못 되어서 슬플 것이고 국제적 명성을 누리는 학자는 노벨상을 못 타서 괴로울 것이며 국가대표 후보로 뽑힌 선수는 벤치 신세를 지는 자신이 한심할 것이다.

늘 거인만 쳐다보는 난쟁이의 슬픔

:

개인심리학의 아버지 알프레드 아들러Alfred Adler도 이런 악순환을 꿰뚫어보고 '우월 콤플렉스'를 거론했다. 스스로를 열등하다고 생각하는 사람은 자신의 자아를 지탱하기 위해 항상 남을 이기려고 한다. 하지만 그런 성공은 자신감을 키워주지 못하고 오히려 부자유만 심화시킬 뿐이다. 그래서 외부의 칭찬이 없으면 자긍심은 바닥을 치게 된다. 프랑스 계몽주의자 몽테스키외Charles De Montesquieu도 말했다. "사람들은 그냥 행복하기를 바라지 않고 남들보다 더 행복하기를 바란다. 그런데 그것이 참 힘들다. 우리는 항상 남들이 우리보다 더 행복하다고 생각하기 때문이다."

당신의 만족은 당신이 살면서 무엇을 달성했느냐에 달려 있지 않다. 당신이 인생에 어떤 기대를 거느냐에 달려 있다. 그리고 그 기대는 생각으로 조절할 수 있다. 당신의 시선은 어디를 향하고 있는가? 광고에 등장하는 사람들? 돈벼락을 맞은 사람들? 제일 높은 자리에 오른 사람들? 걸핏하면 사랑에 빠지는 사람들? 아니면 당신만큼만 된다면 소원이 없겠다는 사람들? 왜 금메달과 비교하는가? 더 행복하게 살 수 있는데 왜 아래를 내려다보지 않는가?

운명의 장난으로 힘들 때도 그 상황을 어떻게 평가할지는 당신에게 달렸다. 갑작스럽게 일자리를 잃고 스스로를 직장에 잘 다니는 친구들과 비교하며 힘들어하는 사람들을 나는 많이 만났다. 하지만 아주 간단한 내 질문 하나가 그들의 생각을 바꿀 수 있었다.

"이런 상황이라도 당신과 인생을 바꾸고 싶은 사람이 있을 겁니다. 생각나는 사람이 있을까요?"

실업자가 된 한 판매원은 이렇게 말했다.

"친구가 지금 말기 암이라는 진단을 받았어요. 그 친구는 내가 부럽겠죠. 어쨌든 난 건강하니까요. 우리 시누이는 가게를 하다가 얼마 전 빚더미에 올랐어요. 그래도 나는 저축해놓은 돈이 있으니 시누이는 내가 부러울 거예요. 어제 뉴스에서 봤는데 청년 실업자가 많다고 하더라고요. 나는 그래도 경력이 있으니까 훨씬 취업이 쉬울 거고, 그 청년들 입장에서 보면 제가 부럽겠죠."

그 말을 마친 그녀는 조금 전보다 훨씬 편한 표정을 보였다. '아래만 쳐다보며 만족하면 어떻게 발전을 할 수 있겠어?' 이렇게 생각할지도 모르겠다. 하지만 과연 누가 더 많은 것을 이룰까? 위만 쳐다보며 자신이 힘들게 일군 중소기업을 구멍가게 취급하던 그 사업가? 아니면 같은 상황이라도 아래를 바라보며 자신의 어깨를 두드릴 줄 아는 사업가? 아래를 보면 자의식이 커지고 자부심이 생기기 때문에 더 큰 성공을 향해 달릴 수 있다. 자신을 믿기 때문에 남들도 그를 믿는다. 더 과감하게 앞으로 나아가며 자신의 길을 걸어간다. 그리고 무엇보다 이런 사람들은 성공을 마음껏 즐기고 누릴 수 있다.

이번 생은
아직
망하지 않았다

미국의 심리학자이자 심리치료사 앨버트 엘리스Albert Ellis는 어느 날 자신의 치료법에 회의가 들었다. 환자의 과거를 무슨 똥 무더기처럼 헤집어서 문제점을 끄집어내는 것이 무슨 의미가 있을까 하는 의구심을 느꼈기 때문이다. 오히려 과거를 헤집는 것이 '현 상황에 대처하지 못하도록 막는다'라는 생각이 들었다.

그와 동시에 그의 머리에 천재적인 아이디어가 떠올랐다. 문제의 원인이 과거가 아니라 과거를 바라보는 환자의 생각이라면 어떻게 되는 것일까? 꼭 해야 한다거나, 해서는 안 된다는 식의 비합리적인 생각이 얼마나 많은 사람들을 괴롭히는지 그는 경험으로 잘 알고 있었다. 우리가 강요당하는 생각을 점검하는 것만으로 새장에 갇힌 생각을 해방시킬 수 있지 않을까?

그 고민의 결과물이 유명한 합리적 정서 행동 치료이다. 치료법의 성공은 개발자인 앨버트 자신마저 놀라게 했다. 몇 년 동안이나 심리 치료를 받아도 나아지지 않던 환자들이 불과 몇 번의 상담으로 크게 호전되었다. 그의 방법은 순식간에 전 세계로 보급되어 심리 치료를 몰아내고 정상인들한테서도 큰 반향을 이끌어냈다. 점점 더 많은 사람들이 스스로 행복한 생각을 하는 방법을 깨닫게 된 것이다.

우리는 이 치료법을 어떻게 활용할 수 있을까? 기본 개념은 다음과 같다. 외부에서 사건이 일어난다(A). 예를 들면 당연하다고 생각했던 승진이 당신을 비켜갔다. 그럼 당신은 그 사건에 어떤 식이든 반응을 보일 것이다(C). 예를 들면 일을 열심히 하지 않거나 상사에게 따질 것이다. 당신은 그런 반응이 어쩔 수 없는 행동이라고 생각하겠지만 그렇지 않다. 엘리스에 따르면 당신이 어떤 반응을 보일지는 당신 자신에게 달려 있다. A와 C가 연결되려면 당신의 평가인 B가 있어야 하기 때문이다.

무슨 일을 경험하건 당신은 그 사건에 평가의 라벨을 붙인다. 방금 전에 생산된 물병에 생산 회사와 기타 정보를 알려줄 라벨을 부착하는 것과 같다. 승진 누락을 '대실패'로, 우는 자식을 '성격이 나쁜 아이'로, 거울에 비친 눈 밑 다크서클을 '눈 뜨고는 못 봐줄 외모'로 평한다. 바로 이 라벨이 그 사건의 의미를 결정한다. 그전에는 어떤 사건이든 방금 생산된 물병처럼 중립적인 상태이다.

이것이 바로 앨버트 엘리스가 제시한 혁명적인 사고방식이다. 당신의 행복이 승진이 되느냐 안 되느냐, 자식이 우느냐 안 우느냐, 주식이 오르느냐 내리느냐, 아내나 남편이 치약을 쓰고 뚜껑을 닫느냐 안 닫느냐에 달려 있지 않다고 생각해보자. 이 모든 것은 당신의 행복과 만족에 결정적 영향을 미치지 않는다. 당신이 이 외부의 사건에 어떤 라벨을 붙이느냐가 결정적이다. "사람들을 불안하게 하는 것은 사물 그 자체가 아니라 그것에 대한 그들의 의견과 판단이다"라는 고대 그리스 철학자 에피쿠로스Epikuros의 말처럼.

앨버트 엘리스의 주장은 1930년대 하버드 심리학자 스키너Burrhus F. Skinner와 함께 유명해진 급진적 행동주의와 극명하게 대립된다. 스키너는 인간이란 자극에 반응하고 조작적 조건화가 가능한 멍청한 유기체라고 보았다. 자동판매기처럼 위에서 동전을 넣으면 아래로 음료가 나오는 그런 기계와 다를 것이 없다고 보았던 것이다.

둘의 차이는 명확하다. 자신에게 선택권이 없다고 생각하는 사람, 스트레스의 원인이 바깥에 있다고 생각하는 사람은 쉬지 않고 그 고통의 원인을 제거하고 외부의 기대에 부응하려 노력할 것이다. 절대 이길 수 없는 싸움이다. 어떻게 70억 지구인을 당신의 뜻대로 움직이겠는가? 어떻게 주가를 마음대로 바꿀 것이며 자연의 힘을 제압할 것인가? 남편이나 아내가 양치할 때마다 치약을 대신

짜주겠는가? 어떻게 우는 아이를 그치게 만들겠는가? 이 모든 것은 당신의 능력 밖에 있다. 그러므로 당신은 속수무책으로 스트레스에 시달릴 것이다.

차라리 당신이 영향을 미칠 수 있는 것에 집중하는 편이 훨씬 더 낫다. 바로 당신의 생각을 바꾸는 것이다. 그렇다면 어떻게 라벨을 바꿀 수 있을까? 어떻게 하면 당신의 생각을 다시 정복할 수 있을 까? 당신을 불합리한 길로 인도하는 비논리적 사고를 어떻게 떨쳐 낼 수 있을까? 지금부터 소개할 ABC 트릭이 바로 그 방법이다.

"미안하지만
내가 원하는 대로
생각하겠어."

아침에 욕실에 들어가 거울을 보니 이마에 조그맣게 무언가 튀어나와 있다. 이런, 또? 안 봐도 뻔하다. 뾰루지일 것이다. 거울을 향해 얼굴을 더 들이민다. 이게 정말 '조그만' 뾰루지란 말인가? 입김으로 거울이 뿌예질 정도로 얼굴을 거울에 바짝 붙인다. 아, 정말 기가 막힌다. 당신은 생각한다. "이 꼴로 집 밖에 나갈 수는 없어. 너무 못생겨 보일 거야."

거울을 들여다보면 볼수록 걱정이 커진다. 이제 이마에 솟아오른 것은 조그마한 뾰루지가 아니라 당신의 피부를 뚫고 올라온 거대한 붉은 화산이다. 저 엄청난 화산을 못 보고 지나칠 사람은 없다. 이러다가 온 얼굴이 곰보처럼 되는 것 아니야? 어제 저녁에 뭘 먹었지? 땅콩? 땅콩 알레르기인가?

당연히 이대로 가만히 있을 수 없다. 당신은 뾰루지와의 전쟁에 돌입한다. 훨씬 더 작아져서 눈에 띄지 않기를 바라며 뾰루지를 눌

러 짠다. 그러나 손을 대는 바람에 성이 난 뾰루지는 화장으로도 가릴 수 없을 정도로 빨개진다. '아, 어쩌나. 짜지 말걸.'

이 일상의 작은 사례는 비합리적 판단의 딜레마를 잘 보여준다. 거울을 보고(A) 판단을 내린다(B). 당신은 거울에 비친 이마의 작은 뾰루지에 '미모를 망치는 엄청난 문제'라는 라벨을 붙인다. 그리고 그에 대한 반응으로(C) 당신이 직접 성형외과 의사의 가운을 걸쳐 입고 미니 수술을 실시하여 진짜 문제를 일으키고야 만다. 애당초 방지하고 싶었던 사태, 즉 이마에 빨갛게 부어오른 커다란 뾰루지를 당신 손으로 불러오고 만 것이다.

다섯 단계의 생각 점검

⋮

하지만 처음에 들었던 생각, 즉 '이 꼴로 집 밖에 나갈 수는 없어. 너무 못생겨 보일 거야'라는 생각에 미심쩍은 반응을 보였다면 어떻게 되었을까? (쇼펜하우어 씨의 말씀대로) 의지로 그런 생각을 막을 수야 없겠지만 그 생각을 철저하게 점검할 수는 있다. 다음과 같은 다섯 단계의 생각 점검이 더욱 객관적인 관점으로 당신을 이끌어줄 것이다.

1단계: 이 생각은 객관적인가? 입증할 수 있는가? 아니면 내가 부풀려 생각한 것은 아닐까? 괜히 남들의 말에 혹한 것은 아닐까?

가능한 대답: 이마에 뾰루지가 났다고 집 밖으로 나갈 수 없다는 생각은 완전히 잘못된 것이다. 세상 어느 누구도 밖으로 나가는 나를 막지 않는다. 또 뾰루지가 났을 때 무조건 집에 있어야 한다면 이 세상의 거리는 엄청나게 한산해질 것이다. 뾰루지가 손이 있어 나를 집에 붙들어 앉히는 것도 아니다. 게다가 그 작은 뾰루지 하나 때문에 내가 너무 못생겨 보일 수 있다는 생각도 틀렸다. 나는 왕방울만 한 뾰루지가 있어도 아름다울 수 있다. 피부가 깨끗하지 않아도 아름다운 사람은 많다.

해설: 당신의 즉흥적인 생각에 대해 합리적으로 사실 여부를 확인해보자. 사실 확인을 통해 당신의 생각이 어디가 어떻게 틀렸는지 알 수 있을 것이다. 당신이 상황을 너무 과장했고 당신 스스로가 당신의 발길을 붙들었다는 사실을 깨닫게 될 것이다.

2단계: 이런 비합리적 판단을 내리게 된 원인은 무엇인가? 은연중에 이래야 한다, 저래서는 안 된다는 식의 생각을 하고 있지는 않았나?

가능한 대답: 그렇다. 은연중에 나는 이런 생각을 했다. "내 얼굴

은 완벽해야 해." "조금의 실수도 있어서는 안 돼." "뽀루지라니, 사실이 아닐 거야." "난 항상 예뻐 보여야 해."

해설: 완벽한 얼굴은 당신의 소망이다. 다시 말해 그 소망이 꼭 이루어지지 않아도 살 수 있다. 하지만 소망이 지나쳐서 요구가 되는 순간 우리는 압박감을 느끼고 삶은 지옥이 된다. 그런 요구는 세 가지 방향에서 올 수 있다. 자기 자신("난……해야 해."), 타인("넌……해야 해."), 더 높은 힘("운명, 인생, 세상, 신이……해주어야 해.")이다.

3단계: 나의 요구는 객관적인가? 이 생각이 맞나?
내가 비합리적일 만큼 너무 많은 것을 요구하지는 않나?

가능한 대답: 현재 나의 요구는 비합리적이고 도를 넘었다. 첫째, 지금 나는 자신에게 너무 많은 것을 요구한다. 세상에 완벽한 사람은 없다. 얼굴이 완벽한 사람도 없다. 둘째, 타인에 대한 요구 또한 지나치다. 남들이 나를 예쁘게 생각할 것인지 아닌지는 그들의 결정이지 내가 어떻게 할 수 있는 문제가 아니다. 셋째, 내 얼굴에 뽀루지가 생긴 것이 사실이어서는 안 된다는 요구 역시 말도 안 된다. 신체적 반응과 현실은 나의 허영심에 따라 움직이는 것이 아니니까.

해설: 겉으로 보기에는 그냥 스트레스지만 이렇게 심층적으로 파고들면 그곳엔 당신의 신념이 숨어 있다. 그 신념은 다양한 상황에서 당신의 생각을 좌우한다. 따라서 그 신념이 과연 올바른지를 따져 묻는 과정을 통해 당신의 생각도 조절할 수 있다.

4단계: 이런 생각이 내가 진정으로 원하는 기분을 느끼게 하는가? 내가 원하는 행동을 도와주는가? 주체적이고 평온한 삶을 선사하는가?

가능한 대답: 그렇지 않다. 그 생각은 미세한 약점에 초점을 맞추고 그것을 쓸데없이 부풀린다. 그래서 결국 나 자신에게 실망할 수밖에 없도록 몰아간다. 외모에 그렇게 집착할 이유가 무엇인가? 더구나 그 작은 뾰루지 하나에 말이다.

해설: 이제 당신은 자신의 비합리적 판단을 철저하게 점검하여 그것에 휘둘리지 않겠다는 생각을 굳혔다. 따라서 이런 생각을 자신에게 더욱 유익한 생각으로 대체할 수 있다.

5단계: 이 상황에서 어떤 생각이 바람직하고 객관적인가? 어떤 생각이 나에게 더 도움이 될까?

가능한 대답: 내 이마에 빨간 뾰루지가 생겼다. 워낙 작아서 눈에

잘 띄지도 않고 내일이면 저절로 없어질 것이다. 이 세상엔 그것을 알아볼 만큼 내게 관심을 쏟는 사람이 그닥 많지 않다. 설사 알아보더라도 그것 때문에 나를 한심하다고 생각할 사람 역시 없다. 그러니까 나는 전혀 신경 쓸 것 없이 편안한 마음으로 집을 나설 수 있다.

해설: 이런 현실적인 생각은 사실을 정확히 파악하고 그것의 유익함을 깨닫게 한다. 거울 앞에 펼쳐진 상황은 달라진 것이 없다. 여전히 당신의 이마에는 뽀루지가 빨갛게 솟아 있다. 차이가 있다면 이제는 당신의 이성이 나서서 비합리적 판단의 라벨이 붙지 않도록 막는다는 점이다. 이런 생각의 점검을 통해 우리는 부정적인 감정의 악순환을 조기에 차단할 수 있다.

부정적 감정의 악순환 끊기

생각 훈련으로 객관적 판단을 내릴 수 있는 몇 가지 짤막한 사례를 더 살펴보자.

"나 아니면 일할 사람이 없어. 그러니까 야근을 안 할 수가 없지."

이 생각이 옳은가? 그렇지 않다. 앞일은 내다볼 수 없지만 지난

날은 돌이켜볼 수 있다. 당신이 아파서 결근을 했을 때 회사가 문을 닫았는가? 당신이 출장으로 며칠 회사를 비운 동안 회사 업무가 완전히 마비되었던가? 당신은 회사에서 없어서는 안 될 사람이지만 당신이 없으면 아무 일도 안 된다는 생각은 착각이다. 또 당신이 없으면 회사가 안 돌아간다는 식의 생각은 동료들의 가치를 무시하는 오만일 수도 있다.

"친구를 실망시킬 수 없어. 싫어도 억지로 같이해야지."

이 생각이 옳은가? 그렇지 않다. 친구 사이일수록 솔직할 필요가 있다. 같이할 수 없는 사정을 솔직히 설명하는데 그것을 이해하지 못한다면 그 사람은 진정한 친구가 아니다. 더구나 억지로 끌려다녀서는 절대 그 관계가 오래갈 수 없다. 언젠가 당신도 감당할 수 없는 지경이 올 테니까 말이다. 그러니까 친구 사이라도, 아니, 친구 사이라면 더더욱 원하지 않을 때는 솔직하게 말해야 한다.

"퇴근 후에도 회사에서 온 연락은 꼭 체크해야 해.
회사에 무슨 일이 생기면 당장이라도 달려가야 하니까."

이 생각이 옳은가? 그렇지 않다. 근무 시간에는 당연히 연락이 닿아야 하고 회사에 일이 생기면 당장 달려가야 한다. 하지만 퇴근 후는 내 시간이다. 나만의 시간, 방해받지 않고 쉴 수 있는 시간이다. 그 시간에 회사에서 온 연락은 내일 가서 처리해도 늦지 않다.

휴대전화를 사용하지 않고도 잘 사는 많은 사람들이 그렇다는 사실을 입증한다.

"어제 어머니가 병원에 입원하셨지만 고객 앞에서

내색해서는 안 돼. 언제나 웃는 얼굴로 고객을 대해야 해."

이 생각이 옳은가? 이런 생각은 자신이 감정이라고는 없는 서비스의 기계라는 전제에서 출발한다. 기계에게 서비스를 받고 싶은 고객은 없다. 영혼 없는 미소를 날리는 직원보다는 솔직하게 상황을 털어놓고 양해를 구하는 직원이 훨씬 더 인간적으로 느껴질 것이다. 우리 모두는 인간이고, 서로 서비스를 주기도 하고 받기도 하는 입장이니까.

최근의 후회스러운 행동을 복기해보자

앞서 설명했던 ABC 트릭 훈련을 통해 생각의 방향을 조절해보자. 먼저 지난 몇 달 동안 후회했던 행동 두 가지를 고른다. 그리고 무슨 일이 있었는지 짧게 적는다.

상황1 – 나의 행동 (C):

_____

_____

_____

상황2 – 나의 행동 (C):

_____

_____

_____

이제 자신에게 물어보자. 무슨 일이 있었기에(A) 나는 이런 반응(C)을 보였던 것일까?

상황1 – 원인 (A):

_____

_____

_____

상황2 – 원인 (A):

_____

_____

_____

이제 가만히 생각해보자. 어떤 판단을 내렸기에(B) 나는 이런 반응(C)을 보였던 것일까?

상황1 – 나의 판단 (B):

_____

_____

_____

상황2 – 나의 판단 (B):

_____

_____

_____

전체 상황을 두 단계로 점검해보자.

첫째, 당신은 문제의 원인을 얼마나 객관적으로 설명했는가? 그것이 사실인가? 혹시 당신의 평가가 개입되지는 않았는가? 어떻게 하면 다르게 볼 수 있을까?

_____

_____

둘째, 당신의 판단은 객관적으로 옳은가? 괜히 당신이 제멋대로 해석하여 상황을 부풀리고 악화시킨 것은 아닌가? 정반대로 해석한 것은 아닌가? 바람직한 반응을 보이려면 어떤 판단을 내려야 했을까?

_____

_____

7

관계를 정리하는 연습

더는 눈치 보지 않고
연연하지 않겠다

잘 맞지 않는 사람과
작별하는 기술

이번에도 결과는 실망스러웠다. 새로 도입한 인큐베이터 앞에서 의사들은 연신 고개를 갸웃거렸다. 조산아들이 빨리 자라지 않는 이유가 과연 뭘까 궁금했다. 고영양식을 먹이고 적외선을 쪼이고 산소를 공급하고 가장 적절한 온도를 유지해주었는데, 대체 왜? 그들은 아기들에게 방해가 될까 봐 인큐베이터에는 이런 경고문도 붙여놓았다. "절대 손대지 마시오!" 인큐베이터는 굳게 닫혀 있었고 아기들은 온종일 온실의 따뜻한 기온을 즐길 수 있었다. 그런데도 아기들은 통 자라지 않았다.

1980년대 초 미국 의학자들은 최신 기술을 활용한 인큐베이터를 도입했다. 그런데 전국의 병원들 중 단 한 곳에서만 희망적인 소식이 날아왔다. 그것도 그 병원의 몇몇 조산아들만 잘 자란다는 것이었다. 왜 그 병원에서만 잘 자라는 걸까? 왜 병원 전체의 조산아가 아니라 몇 명만 잘 자라는 것일까? 조사를 해보니 잘 자라는 조산아들은 모두 한 간호사가 담당한 아기들이었다.

병원장이 간호사를 불러 묻자 결국 간호사가 실토했다. 아기들의 울음소리를 듣고 도저히 내버려둘 수가 없어서 지시를 어기고 인큐베이터를 열어 아기들의 등을 쓰다듬어주었다고. 처음에는 죄책감이 들었지만 아이들이 금방 울음을 그치는 데다 성장 속도도 빨라지자 자신감을 갖고 그렇게 했다고. 최신 기술의 인큐베이터를 만들면서 의사들이 놓친 것이 바로 그것이었다. 사랑을 담은 신체 접촉!

사랑을 나누고 서로의 몸과 마음을 어루만지고 싶은 욕망은 우리 두뇌 저 안쪽에 깊이 뿌리를 내리고 있다. 인간의 아기는 다른 포유류의 새끼들보다 훨씬 많은 시간을 부모에게 의존해야 한다. 인간은 다른 사람이 돌봐주고 먹여주고 사랑으로 보살펴주지 않으면 잘 자랄 수가 없다. 이런 상황은 인간을 사회적 동물로 만든다. 그래서 인간은 가까운 사람이 곁에 있을 때 행복하고 건강하며 오래 산다.

스탠퍼드대학교 학자들의 연구 결과를 보면, 말기 유방암을 앓는 여성들은 정기적으로 자신의 병에 대해 이야기를 할 수 있는 경우에 통증도 덜 느끼고 수명도 두 배 더 길다고 한다. 윌리엄 셰익스피어William Shakespeare도 이렇게 말했다. "이야기하지 못하는 근심은 조용히 심장을 갉아먹어 심장을 부수고 만다."〈브리티시 메디컬 저널British Medical Journal〉은 아내와 함께 사는 남성이 홀아비보다 훨씬 더 오래 산다는 연구 결과를 발표했다. 심장병을 앓는 환자도 아내에게 사랑을 받는다고 느끼면 그렇지 못한 환자에 비해 통증을 절반밖에 느끼지 않는다고 한다.

이렇듯 사랑은 건강과 행복의 비결이다. 하지만 정반대의 경우는 없을까? 인간이 불행의 원천이요, 최고의 걸림돌인 경우는? 잘 맞지 않는 사람과 어울리다 보면 자기도 모르는 사이 몸과 마음이 병든다. 상대를 미워하고 불평하고 증오하다가 몸과 마음이 시들고, 그러다가 정말 죽을 수도 있다.

죽이 척척 맞는 사람과의 관계가 행복을 주는 만큼, 맞지 않는 사람과의 관계는 충격과 불행을 줄 수 있다. 자기 집으로 넘어왔다는 이유로 우리 집 나뭇가지를 사정없이 잘라버리는 이웃을 상상해보라. 상사가 하도 괴롭혀 우울증에 시달리는 사람은 어디 한둘인가? 내게 상담을 청하는 사람들도 대부분 인간관계 때문에 나를 찾아온다. 당신은 어떤가? 기분이 나쁠 때 무슨 생각이 드는가? 무엇 때문에 기분이 울적하고 가라앉는가?

어떤 사람은 아버지한테 아무 이유도 없이 맞았던 때를 떠올린다. 또 어떤 사람은 바람이 나서 자신을 버린 전 남편을 떠올린다. 어머니를 요양원에 모셔다놓고 돌아와서 죄책감에 시달린다는 사람도 있다. 안 가겠다고 우는 아이를 억지로 어린이집에 떼어놓고 와서 가슴이 아프다는 엄마도 있다. 직장 동료가 다른 사람들이 다 보는 앞에서 말도 안 되는 헛소리로 모욕을 주던 때를 떠올리는 사람도 있다.

공포에서 증오까지, 죄책감에서 수치심까지 모든 강렬한 부정적 감정은 사람과의 경험에서 나온다. 실제로 관계의 불화는 생명을 위협할 수도 있다. 사랑받지 못한다고 느끼는 남자들은 심장병에 걸렸을 때만 예후가 안 좋은 것이 아니다. 십이지장 염증에 걸릴 위험도 세 배 더 높다. 흡연과 고혈압과 스트레스를 다 합쳐도 사랑이 없는 관계보다는 덜 위험하다. 흡연자라면 누구나 한 번쯤 어떻게 해야 담배를 끊을 수 있을까 고민한다. 하지만 위험천만한 인간관계를 어떻게 하면 끊을까 고민하는 사람은 별로 없다.

나를 힘들게 하는 사람에게 하고 싶은 말

인드라 클라(48세)는 프리랜서를 꿈꾸는 번역가이다. 하지만 프리랜서를 권하는 내게 늘 같은 말을 되풀이하곤 했다. "고정 수입이 없으면 안 돼요." 나는 그녀에게 휴대전화 알람을 설정하고 한 시간에 한 번씩 하던 일을 멈추고 이런 질문을 던져보라고 했다. '지금 내 기분을 점수로 매긴다면 1점부터 10점까지 중 몇 점인가? 나는 지금 무엇을 하고 있나? 무슨 생각을 하고 있었나?' 그리고 이 질문의 답을 기록하도록 했다.

결과는 놀라웠다. 직장에 있건 집에 있건 기분이 안 좋을 때 그녀는 어김없이 전 남편을 생각하고 있었다. 그는 그녀를 몇 년 동안이나 속이며 그녀의 이름으로 엄청난 빚을 지고는 몰래 도망쳐버렸다. 이혼을 한 지 벌써 4년이건만 그녀는 지금까지도 그와 마음속으로 대화를 나눈다. 헤어지던 순간을 곱씹고 또 곱씹는다. 그 당시엔 말 한마디 못하고 바보같이 당했지만 지금 다시 그때로 돌아간다면 분이 풀릴 때까지 하고 싶은 말을 다 할 수 있을 것 같다. 나는 그녀에게 말했다.

"남편하고 이혼을 하신 것이 아니군요."

인드라는 깜짝 놀란 표정으로 나를 보았다.

"이혼을 했다니까요."

"여전히 남편과 같이 살고 있어요. 생각의 집에 더 큰 방을 내주었잖아요. 와서 공짜로 살라고 불러들였어요."

그녀가 이마를 찌푸렸다.

"나도 생각 안 하고 싶어요. 그런데도 자꾸 생각이 나는 것을 어떻게 하겠어요."

"당신의 머리예요. 다른 사람의 머리가 아니잖아요. 그곳에 누가 살지 말지는 당신이 결정할 수 있어요."

그녀는 미심쩍다는 듯 나를 쳐다보았다.

"나도 정말 내쫓고 싶어요. 전 남편 생각이 날 때마다 기분이 엉망이에요. 어떻게 하면 되죠?"

우리는 앨버트 엘리스가 가르쳐준 생각 훈련을 연습했다. 결과는 성공적이었다. 그러나 효과가 오래가지 못했다. 감정에 깊이 뿌리내린 상처를 이성만으로는 쫓아버리기가 쉽지 않았기 때문이다. 그래서 나는 그녀에게 다음 상담 때까지 남편에게 이별의 편지를 적어오라고 권유했다.

"하고 싶은 말은 하나도 빼놓지 말고 다 적으세요. 당신의 분노, 슬픔, 실망. 전부 다요."

다음 시간 그녀는 편지를 가져왔다. 나는 상담실 한가운데에 의자 두 개를 놓았다.

"이쪽은 당신이 앉으세요. 그리고 저쪽 의자에는 남편이 앉아 있다고 상상하는 거예요. 이제 편지를 꺼내서 직접 읽어주세요."

그녀가 자리에 앉았다. 그리고 편지를 읽기 시작했다.

"안녕, 마르쿠스. 이제야 당신에게 내 속마음을 털어놓게 되었네."

그녀는 한마디 한마디 정성껏 쓴 편지를 읽어나갔다. 화를 내기도 하고 소리를 지르기도 했다. 울컥 치밀어 오르는 눈물을 참지 못해 잠시 말을 멈추기도 했다. 편지를 끝까지 읽고 나서도 어제 미처 생각하지 못했던 말들이 떠오르는지 그것마저 다 털어놓았다. 정말 전 남편이 그 방에 앉아 있는 것 같았다.

나는 편지를 손에 든 그녀를 데리고 그 방을 나왔다. 그리고 정원 한 귀퉁이에 나무를 쌓고 불을 피웠다. 나무가 타면서 겨울 오후의 흐린 하늘을 향해 불꽃이 피어올랐다. 나는 인드라에게 편지를 그 불꽃에 던지고 편지가 타는 동안 부정적인 감정들이 그 종이와 함께 연기가 되어 하늘로 사라지는 장면을 상상하라고 부탁했다.

이 방법의 효과는 놀랍다. 편지의 대상이 누구이건 간에, 날 괴롭히던 친구이건, 무책임한 부모이건, 인정머리 없는 상사건, 그 한 번의 행동으로 잠시도 떨쳐버리지 못했던 생각이 머리에서 −눈에서도, 귀에서도, 코에서도, 피부에서도− 완벽하게 사라진다. 혹시 다음에 또 그 사람이 생각난다 해도 불길에 휩쓸려 자취를 감춰버린 그 편지를 떠올리면 된다. 부정적인 감정이 순식간에 자취를 감출 것이다. 편지를 생각하는 순간 정신이 번쩍 들면서 꼬리에 꼬리를 물고 늘어지던 부정적인 감정의 악순환이 멈추기 때문이다.

두 달 후, 그녀는 용기를 내어 회사에 사표를 던졌다. 고정 수입은 없지만 좀 더 자유롭게 살 수 있는 용기가 생겼기 때문이다. 그녀는 마침내 전 남편과 진정으로 작별할 수 있었다.

나를 사랑한다면서
내 영혼을 갉아먹는
사람이 있다면

친구라고 다 같은 친구가 아니다. 이 세상엔 두 가지 종류의 친구가 있다. 한쪽은 당신이 지금의 모습이어서 당신을 좋아하는 친구이고, 또 한쪽은 당신이 영원히 지금의 모습일 것이므로 당신을 좋아하는 친구다. 언뜻 단어 몇 개의 차이에 불과해 보이지만 의미의 차이는 실로 엄청나다. 한쪽은 무한한 에너지를 공급하는 샘물이라면 다른 쪽은 당신의 에너지를 앗아가는 날강도와 다름없기 때문이다.

인생은 항구와 같다. 당신은 항구에 서서 늘 새로운 바다를 꿈꾸고 그 바다를 향해 나아가야 한다. 진정한 친구라면 당신과 함께 지도를 펴놓고 바다를 헤치고 나아갈 길을 모색해주며 진심으로 성공을 기원할 것이다. 떠나는 당신을 방파제에 서서 배웅해주는가 하면 항해를 마치고 돌아온 당신을 두 팔 벌려 환영할 것이다. 순풍을 만나 순항을 하고 있을 때나 역풍을 만나 배의 돛이 찢어졌을 때도 변함없이 따뜻한 포옹으로 당신을 맞아줄 것이다. 그리고 당신이 고된 여행을 통해 많은 것을 배우고 얻었다는 사실에 진심으로 기뻐해줄 것이다.

그런 우정은 인생의 보물이다. 독일에서 내놓은 25년간의 장기 연구 결과를 보아도 알 수 있다. 행복을 주는 것은 유전자가 아니라 사람이라는 것을. 친구나 연인, 인간에 대한 배려가 행복을 좌우한다는 것을.

그러나 당신의 인생 항구에는 교묘하게 항해를 포기시키려 애쓰는 친구들뿐이라면 어떻게 될까? 괜히 나갔다가 배가 가라앉을지도 모르니까 그냥 떠나지 말라고 권하는 사람들뿐이라면? 그럼에도 닻을 올리고 떠날 채비를 하는 당신에게 등 뒤에서 "어디 잘되나 두고 보자!"라며 악담이나 퍼붓는다면?

당신이 돌아오면 그들은 두 가지 반응을 보일 뿐이다. 당신의 계획이 산산조각 나고 돛이 찢어진 상태라면 "거봐! 그럴 줄 알았다."라면서 으스댈 것이다. 당신이 아무 탈 없이 무사히 돌아온다면 다를까? 그들은 이렇게 냉소할 것이다. "뭐 별로 변한 것도 없네. 괜히 고생만 하고 말이야."

정말 친구라고 부를 수 있는 사람

···

당신의 친구나 지인들도 분명 이 두 가지 유형으로 나뉠 것이다. 문제는 브레이크를 거는 훼방꾼 한 명이 세 명의 후원자보다 더 치명적인 손해를 입힐 수 있다는 것이다. 왜 그럴까? 변화를 원하는 사람은 누구나 의심과 싸워야 하기 때문이다. 과연 새로운 연인이, 새 직장이, 새 학교가 나와 정말 맞을까? 이렇게 겨우 겨우 치밀어 오르는 의혹을 누르고 있는데 옆에서 브레이크를 걸면 어떻게 되겠는가? 그렇다. 인간의 용기가 바로 그런 순간 허망하게 와르르 무너지는 모습을 나는 정말로 많이 목격했다.

아, 물론 옆에서 어깨를 두드려줘야만 좋은 친구라는 말은 결코 아니다. 진짜 친구는 쓰라린 이야기도 솔직하게 해줄 수 있는 사람이다. 정당한 비판은 당신이 망망대해에서 헤매지 않도록, 다른 사람들 앞에서 창피를 당하지 않도록 막아주는 지원군이자 힘의 원천이 된다. 이에 비해 근본적으로 모든 변화를 가로막는 친구는 진정한 친구가 아니라 에너지를 앗아가는 날강도일 뿐이다.

왜 그들은 당신의 변화 의지를 꺾으려 하는 것일까? 실은 늘 당신과 자신을 비교하기 때문이다. 당신이 작아 보일수록 자신은 더 크게 보이기 때문이다. 이런 이유로 그들은 무슨 수를 써서라도 당신의 성장을 막고 싶어 한다.

당신의 인생 항구에는 어떤 친구가 서 있는가? 당신에게 용기를 주고 자극을 주며 에너지를 선사하는 사람들과 자주 대화를 나누길 바란다. 그런 친구를 만나면 당신은 생기가 돌고 에너지가 넘치며 마음이 푸근해진다. 당신의 돛에 구멍을 내는 사람들과는 될 수 있는 대로 접촉을 피하라. 그들과 아무리 만나도 마음은 더 공허해지고 불안해질 것이다. 급기야 메마를 것이다.

그럼 어떻게 두 가지 유형을 구분할 수 있을까? 일기를 적어보는 것을 권한다. 오늘 하루 만난 사람들의 이름을 적고 헤어진 후 어떤 기분이 드는지 1점에서 10점 중 몇 점인지 매겨보는 것이다. 그렇게 몇 달이 지난 후 각 사람의 점수를 합계해서 평균을 내보자. 그 사람이 에너지의 샘물인지 도둑인지를 구분할 수 있을 것이다. 점수가 낮은 사람과는 용기를 내어 관계를 끊어야 한다. 그리고 남는 시간과 에너지를 더 진실하고 따뜻한 친구와 함께하라.

당신의 인생 항구에 누구를 머물게 할지, 그 결정은 오롯이 당신의 몫이다.

"진짜 백만장자는 누구인가?"

지역 라디오 방송국의 두 기자는 그야말로 해와 달이었다. 정반대였다. 한 사람은 낡은 구형 차를 몰고 다녔고 다른 한 사람은 신형 재규어를 몰고 다녔다. 한 사람은 작은 집에서 소박하게 살았고 다른 한 사람은 화려한 인테리어를 좋아했다. 한 사람은 작가들이 써준 원고를 또박또박 읽었고 다른 한 사람은 번뜩이는 애드리브로 애청자들을 사로잡았다. 그러나 둘은 절친한 친구였다.

자신에게 예능 쪽의 재능이 없다고 생각한 첫 번째 친구는 정치부로 부서를 옮겨 대도시의 통신원으로 파견되었다. 그러던 어느 날 두 번째 친구에게서 전화가 걸려왔다. 라디오 프로그램을 공동으로 진행해보자는 제안이었다. 두 사람이 함께 진행한 쇼는 큰 성공을 거두었고 전국적으로 엄청난 인기를 얻었다.

그 대단한 성공 덕분에 두 번째 친구는 TV 방송국에서 스카우트 제의를 받아 TV 쇼의 진행을 맡았고 또다시 대박을 쳤다. 그러다 더 유명한 프로그램 진행자로 발탁되자 첫 번째 친구에게 자기가 진행하던 TV 쇼를 맡아보는 것이 어떻겠냐고 물었다. 첫 번째 친구는 깜짝 놀랐다. 무엇보다 자신을 믿어준 친구의 신뢰가 고마웠고, 한편으론 자신이 과연 TV에 나가 쇼를 진행할 수 있을까 의구심도 들었다. 그렇지만 친구의 격려에 힘을 얻었다. 친구의 말대로 미처 자신도 몰랐던 재능이 숨어 있을지 모른다고 생각하게 되었다.

그렇게 첫 번째 친구는 두 번째 친구의 프로그램을 물려받았고, 지금 그들은 모두 독일에서 제일 잘나가는 방송 진행자로 인기를 누리고 있다.

독일 최대 민영 채널 RTL의 퀴즈 프로그램 〈누가 백만장자일까〉로 일약 스타 진행자가 된 귄터 야우흐Günther Jauch와 독일에서 국민적인 사랑을 받고 있는 엔터테이너 토마스 고트샤크Thomas Gottschalk의 이야기이다.

어떤 사람이 백만장자라고 할 수 있을까? 자신의 재능을 알아보고 믿어주는 친구가 있는 사람이야말로 진짜 백만장자가 아닐까?

누가 나를
더 용감하고 더 위대하고 더 멋진 사람으로
만들어주는가

사랑이 눈을 멀게 한다는 말은 사실이 아니다. 오히려 사랑을 하면 더 많은 것을 볼 수 있다. 당신의 사랑도 그럴까? 당신의 사랑도 당신의 행복과 자아실현을 도와줄까? 이런 질문의 답은 아주 간단한 테스트로 확인할 수 있다. 평소 당신은 어떤 가치를 중요하다고 생각하는가? 열 가지 가치를 적어보자. 예를 들면 다음과 같은 것들이 있겠다.

- 신뢰
- 따뜻한 마음
- 창의성
- 순발력
- 넓은 마음
- 지성

- 용기
- 외모
- 유머
- 예의범절

이 리스트를 여러 장 복사해서 배우자/연인과 친한 친구들에게 한 장씩 나눠주자. 그리고 각 항목마다 당신의 점수를 매겨달라고 부탁하라. 당신이 얼마나 용감한지 1점에서 10점까지 점수를 매기는 식이다. 마지막에는 각 점수를 합계하여 평균을 낸다.

누가 가장 높은 점수를 주었는가? 그 사람이 당신의 배우자 혹은 연인이기를 나는 바란다. 당신의 눈을 덮은 콩깍지는 행복하고 튼튼한 관계를 보장하는 보증수표이기 때문이다. 혹시 당신의 배우자 혹은 연인이 너무 낮은 점수를 주었다면 조금 심각하게 그 사람과의 관계를 고민을 해보아야 할 것 같다.

미국의 '콩깍지 전문 학자'라고 할 수 있을 샌드라 머레이Sandra Murray는 누가 봐도 오류가 있는 듯한 판단이 어떻게 사랑하는 사람과의 관계를 탄탄하게 만들 수 있을까에 대한 연구 결과를 발표한 바 있다. 환상은 자기충족적 예언이다. 따라서 연인이 당신을 실제보다 더 긍정적으로 바라본다면 당신은 연인이 생각하는 그 이미지에 부응하기 위해 최선을 다할 것이다. 노력하고 애써서 상대의 기대에 부응할 것이고 그를 통해 성장할 것이다.

연인의 생각은 당신의 발전에 큰 영향을 미친다. 그의 긍정적 기대는 장점과 소망의 씨앗을 자라게 하는 거름이 될 수도 있지만, 반대의 경우는 독이 될 수도 있는 것이다. 얼마 전 나를 찾아온 한 젊은 여성 재단사가 대표적인 경우이다. 나를 찾아올 당시 그녀는 패션 박람회에서 부스를 하나 빌려서 자신이 디자인한 과감한 청 소재 의상을 전시하고 싶다고 말했다. 그녀는 나와 상담을 마친 후에는 의욕에 넘쳐서 집으로 돌아갔지만, 다음 상담 시간에 만나보니 여전히 아무것도 하지 않은 상태였다. 알고 보니 원인은 그녀의 남편이었다. 남편이 지치지 않고 아내를 말렸던 것이다. 그의 입에서 제일 자주 나오는 말은 이것이었다.

"정신 차려. 당신이 무슨 디자이너나 되는 줄 알아? 당신은 하찮은 재단사야."

남편이 자신을 하찮게 취급했기 때문에 그녀도 자신을 하찮게 여겼다. 남편이 그녀를 믿지 못했기 때문에 그녀도 자신을 믿지 못했다. 결혼 연구가 존 고트먼John Gottman은 한 쌍의 부부를 주말 이틀 동안만 지켜봐도 그들의 관계가 오래갈지 금방 끝날지를 예언할 수 있다고 말한다. 핵심은 서로를 존중하느냐 무시하느냐이다.

서로를 거부하는 신체 언어, 상대를 깔아뭉개는 소통 방식, 사소한 말다툼이 큰 싸움으로 빠르게 비약하는 대화 패턴 등은 상호 무시의 증거이다. 반대로 상호 존중의 증거는 아주 작은 손짓이나 몸짓에서 드러난다. 서로 존중하는 부부는 아침이면 오늘 서로에게 기대하는 바를 이야기하고 저녁이면 하루 동안 있었던 일을 들려준다. 신체 접촉을 자주 하고 부드러운 손길로 감정을 전달하며 함께하는 시간을 자주 만든다.

당신의 관계는 어떤가? 배우자 혹은 연인의 사랑과 관심이 느껴지는가? 배우자 혹은 연인이 당신을 실제보다 더 괜찮은 사람으로, 더 멋있고 더 똑똑한 사람으로 생각하는가?

> "세상에게 당신은 그냥 어떤 사람이지만
> 그 어떤 사람에게 당신은 세상이다."

모든 관계는 세 가지 차원으로 구성된다. 몸의 차원, 마음의 차원, 정신의 차원. 사랑이 시작될 때는 몸의 차원, 즉 신체적인 매력이 관계를 지배한다. 사랑의 밤은 황홀하고 마음은 행복에 겨워 구름 위를 둥둥 떠다닌다. 그리고 영원히 그 상태가 유지될 것이라 생각한다.

사실 따지고 보면 우리가 낭만적 연애를 당연한 것으로 생각한 지는 얼마 되지 않았다. 우리 할머니 세대만 해도 결혼은 본인의 의사와는 상관없는 두 집안의 결합이었다. 그런데 요즘은 온통 사랑의 도가니에 빠져 있다고 해도 과언이 아니다. 광고에서도, 드라마에서도, 책에서도 온통 사랑 타령이다. 가슴 설레는 사랑이 사라지면 삶도 없는 것처럼, 평생을 사랑에 빠져 허우적대지 않으면 진짜 사는 것이 아닌 것처럼 사랑을 찬양한다. 그러나 사랑의 호르몬은 유효기간이 길지 않다. 이탈리아 학자 엠마누엘레 엔초Emanuele Enzo 가 58명의 실험 참가자를 대상으로 연구를 해보았더니 관계의 초기엔 뉴로트로핀, 즉 신경세포를 서로 연결하는 신호물질의 수치가 크게 증가했다. 하지만 1년이 지나자 유의미한 수치의 증가를 확인할 수 없었다.

바로 이 순간이 되면 사람들은 옛 관계를 버리고 새 관계로 돌진해야 한다고 생각한다. 가슴 두근거리는 사랑만이 진짜 사랑이라는 착각 때문이다. 독일 코미디언 베른트 슈첼러Bernd Stelter는 한 쇼 프로그램에서 이런 우스갯소리를 했다. "결혼은 식당에서 밥을 먹는 것과 같다. 사람들은 자기가 최고로 맛있는 음식을 시켰다고 자신한다. 고개를 돌려 옆 테이블 음식을 볼 때까지는."

그러나 철학자 빌헬름 슈미트Wilhelm Schmid가 말한 '사랑의 제3단계'에 이르기 위해선 세월의 힘이 필요하다. '사랑의 제3단계'란 정신의 차원, 즉 생각의 교류이다. 행복한 사랑과 삶을 위해서는 바로이 단계가 가장 중요하다. '사랑의 제3단계'는 가슴 떨리는 첫 순간의 사랑과 달리 오래 유지되며, 우리의 성장을 돕기 때문이다. 물리학자 알베르트 아인슈타인Albert Einstein은 말했다. "처음엔 모든 생각이 사랑에서 나오지만 나중엔 모든 사랑이 생각에서 나온다." 존고트먼도 이 정신적 차원이 가장 중요하다고 말한 바 있다. 행복한 관계의 특징은 무엇보다도 두 사람의 강력한 정신적 결합이기 때문이다.

평생 발전하고 진화하고 싶다면 곁에서 당신의 성장을 도와줄 파트너가 필요하다. 당신의 본성을 존중하는 사람이라면 당신이 꿈을 실현할 때 옆에서 같이 기뻐해줄 것이다. 어떤 어려움 속에서도 변함 없이 당신의 이름을 불러주고 당신을 믿어주는 그 한 사람의 목소리는 이 세상 모든 의심과 의혹을 덮어버릴 수도 있다.

· 여기 글을 쓰는 한 여성이 있다. 열심히 작품을 써서 출판사에 여러 차례 보내봤지만 매번 거절을 당했다. 어느 날 남편이 말했다. "당신 작품 정말 좋아. 이런 글은 다른 사람들도 꼭 읽어봐야 해." 몇 달 후, 그녀는 그녀의 원고를 출간해주겠다는 출판사를 찾았다.

· 여기 베이비시터를 하는 여성이 있다. 밤마다 맥주를 한 캔 마시며 베이비시터 회사를 차리면 어떨까 고민했다. 하지만 경험도 없는 사람이 무슨 회사를 차리냐면서 모두가 말렸다. 그런데 어느 날 한 친구가 말했다. "정말 괜찮은 생각이야. 해봐. 꼭 된다고 봐." 몇 달 후, 그녀는 사장님이 되었다.

· 여기 은퇴한 한 남성이 있다. 70년 인생을 살면서 악기를 하나 못 배운 것이 늘 한이 되었다. 하지만 '이 나이에 무슨 악기냐, 배워봤자 써먹을 데도 없는데' 하는 생각에 체념하기 일쑤였

다. 71번째 생일날 아내가 남편을 피아노 학원으로 데려가 등록을 시켜주었다. 그 보답으로 그는 4년 후 75세가 되던 해에 그동안 갈고닦은 실력을 발휘하며 아내에게 멋진 생일 축하곡을 연주해주었다.

"세상에게 당신은 그냥 어떤 사람이지만 그 어떤 사람에게 당신은 세상이다." 시인 에리히 프리트Erich Fried는 이렇게 말했다. 사랑은 우리에게 중대한 의미를 선사하며, 우리를 더 용감하고 더 위대하며 더 멋진 사람으로 만들어준다. 심지어 딱딱한 자연과학을 공부하는 두뇌학자 게랄트 휘터Gerald Hüther도 이렇게 말했다. "한계를 뛰어넘고 새로운 자세를 익혀 두뇌의 변신을 꾀하는 것은 자신과 인식, 감정, 경험, 지식을 나눌 수 있는 '다른 사람'을 통해서만 가능하다. 따라서 두뇌를 폭넓게 활용하고 싶다면 반드시 사랑을 배워야 한다."

지금 이 순간 당신의 연인이 당신을 부정적으로 본다는 생각이 든다면 어떻게 해야 하나? 당신을 무시하고 당신의 발전을 가로막는다면? 꿈을 접어야 할까? 꿈 대신 연인을 포기할 수도 있다. 하지만 섣불리 포기하기 전에 먼저 당신의 행동을 비판적으로 점검할 필요가 있다.

인간관계에서도 뿌린 대로 거둔다는 말은 유효하다. 혹시 당신이 먼저 연인을 부정적으로 보지는 않았을까? 연인에게 부정적인 영향을 주지는 않았을까? 당신이 먼저 변해 연인에게 긍정적인 영향을 주면 그 영향이 그대로 당신에게로 되돌아올 수 있다.

내 인생에서 가장 중요한 일곱 명

당신의 인생에서 가장 중요한 사람 일곱 명을 골라서 중요한 순서대로 이름을 적어보자.

_____

_____

_____

_____

_____

_____

_____

이 순서는 무슨 의미인가? 무슨 이유로 이 순서대로 이름을 적었는가? 지난 몇 년 동안 당신의 인생에서 매우 중요해진 사람이 있는가? 반대로 예전에는 중요했지만 이제는 의미를 잃어버린 사람이 있는가? 그 이유는 무엇인가?

이 중에서 누가 당신에게 용기를 주고 힘을 주며 중요한 결정을 할 때 든든한 지원군이 되어주는가? 당신의 앞길을 가로막는다는 느낌을 주는 사람은? 그 사람이 정말 이 일곱 명 중 한 자리를 차지해야 마땅한가? 지금은 여기에 이름이 올라 있지 않지만 포함시키고 싶은 사람은 없는가? 어떻게 하면 그 사람과의 관계를 더 돈독하게 만들 수 있을까?

8

자기 방어 연습

"싫다"고 말하면
인생이 달라진다

무엇을 원하는지 알면
무엇을 원하지 않는지도 안다

이런 장면을 상상해보자. 당신은 사랑에 빠졌다. 온 세상이 음악 소리로 가득하고 눈을 감을 때마다 그 사람의 얼굴이 아른거린다. 어느 날 카페에 앉아 있으려니 정말정말 매력적인 이성이 다가와서 말을 건다. 대화를 나누다 보니 그는 당신에게 첫눈에 반했고 앞으로 계속 만나고 싶다면서 휴대전화 번호를 달라고 한다. 거절하기가 얼마나 힘들까?

또 다른 상황도 상상해보자. 당신은 6개월 전에 콘서트 표를 한 장 샀다. 오늘 저녁 8시에 당신이 정말 좋아하는 그 가수의 콘서트가 시작된다. 아주 기대된다. 그런데 하필이면 오늘 부장님이 9시까지 야근을 해달라고 간곡하게 부탁한다. 거절하기가 얼마나 힘들까?

사실은 두 상황 모두 거절하기가 크게 힘들지 않을 것이다. 당신은 누구의 말에도 흔들리지 않을 것이다. 왜일까? 당신의 마음이 이미 확고하기 때문이다. 무엇을 원하는지 알면 무엇을 원하지 않는지도 안다.

단호한 'No'는 더 매력적인 것을 향한 'Yes'이다. 낯선 이성의 유혹에 대한 거절은 이제 막 시작한 사랑을 향한 긍정이다. 야근에 대한 거절은 콘서트를 향한 긍정이다. 이런 내면의 확신은 밖으로도 메시지를 전파한다. 그래서 멋진 이성은 유혹을 포기할 것이고 상사는 다른 동료를 탐색할 것이다.

하지만 사랑에도 콘서트에도 확신이 없다면 어떻게 될까? 상대는 아마 당신의 거절에서 망설임을 감지하고 당신의 의지를 꺾을 수 있다는 희망을 갖게 될 것이다. 불확실한 거절은 상대를 더 대담하게 만든다. 낯선 이성은 이렇게 말할 것이다. "그냥 전화만 할게요." 그리고 상사는 이렇게 꼬드길 것이다. "내일 조금 일찍 퇴근하면 되잖아."

"'No'라는 말을 할 줄 아는 능력이 자유로 가는 첫걸음이다." 18세기에 극작가 니콜라스 샹포르Nicholas Chamfort는 말했다. 이 능력은 자기 성찰과 'Yes'를 말하는 기술에 의해 좌우된다. 자신의 개성, 자신의 가치를 향한 'Yes'는 내키지 않은 승낙을 막아주는 최고의 방패이다. 그런 'Yes'는 당신이 일상에 허덕이며 성급한 결정을 내려야 할 때 마치 길잡이별처럼 유효한 기준이 되어준다. 직장이든, 사랑이든, 건강 문제든, 돈 문제든 모든 결정은 자신의 가치에서 비롯되어야 하기 때문이다.

당신이 '정직'의 가치를 긍정한다면 당신의 상사는 절대로 당신에게 고객을 속이라고 강요할 수 없다. 또 아무리 일자리가 급해도 당신은 취직을 위해 억지로 꾸민 모습을 보이지 않을 것이다. 당신이 '검소'의 가치를 긍정한다면 세상 사람들이 다 돈을 벌려고 투기를 한다 해도 근검절약의 태도를 잃지 않을 것이다.

가치를 향한 긍정은 자신을 뛰어넘을 수 있을 만큼 큰 힘을 선사한다. 그 가치가 자기 자신보다 더 크기 때문이다. 그래서 인도주의의 가치를 긍정한 백장미단의 소피 숄Sophie Scholl은 처형의 위험을 무릅쓰고 나치에 저항했고, 넬슨 만델라Nelson Mandela는 남아프리카공화국의 인종 정책에 항거하다 27년 동안이나 옥살이를 했다.

내가 아닌 타인을 향한 'Yes'는 곧 자신을 향한 'No'이다. 남을 모욕할까 봐 겁이 나서 우리는 자신을 모욕한다. 이기적이라고 욕을 먹을까 봐 겁이 나서 우리는 우리의 자아를 남들의 수레바퀴 속으로 밀어넣는다. 자신의 가치관을 외면하면 자신의 가치를 깎아내리는 것과 같다. 그렇기에 확실한 거절은 당신의 가치를 높여준다. 항상 긍정하고 승낙하는 사람의 긍정은 장마 때의 빗방울처럼 가치가 없다. 가뭄이 와야 물이 귀하듯 거절을 해야 승낙의 가치가 높아진다. 철학자 프리드리히 빌헬름 폰 셸링Friedrich Wilhelm von Schelling 의 말처럼 "'No'가 없으면 'Yes'는 무력하다."

공격수가 페널티 구역으로 달려 들어오면 무슨 일이 벌어질까? 수비수는 냉큼 옆으로 피해주고 상대팀 골키퍼가 어서 오라며 두 팔 벌려 환영할까? 당연히 그렇지 않다. 공격수가 다가올수록 그를 막으려는 수비수와 문지기의 열정은 더 강렬해질 것이다.

이제 당신의 관심과 개성을 페널티 구역으로 상상해보자. 살다 보면 끊임없이 누군가 그 안으로 들어와서 골을 날리려고 할 것이다. 가령 상사는 휴가를 며칠 미뤄달라고 부탁하고, 연락이 뜸했던 친구는 갑자기 찾아와 필요도 없는 보험에 들어달라고 하고, 부모님은 당신의 꿈을 허튼 생각이라고 무시해버린다.

바로 이럴 때 방어가 필요하다. 그런데 당신의 수비와 타인들의 공격 사이엔 체계적인 연관성이 있다. 당신이 우유부단할수록 공격수의 결단력이 높아지는 것이다. 휴가를 미뤄달라는 상사의 부탁에 당신이 확실하게 대답하지 않고 머뭇거리면 상사는 다시 한 번 공격을 감행한다. 하지만 단호하게 딱 잘라 거절하면 상사는 포기하고 다른 공격 대상을 찾아 나설 것이다.

축구장의 페널티 구역은 눈에 보이는 선으로 뚜렷하게 표시가 되어 있다. 당신의 인생에도 확실한 경계선을 그어서 함부로 그 선을 넘어오면 안 된다는 사실을 남들에게 알려야 한다. 예를 들어 집에 놀러온 손님들에게 "우리 집에서는 금연입니다"라고 확실히 이야기하면 모두가 알아서 밖으로 나가 담배 피울 곳을 찾을 것이다. 하지만 "우리는 집에서 담배를 안 피워요" 같은 애매한 표현은 "우리는 안 피우는데 너희는 피워도 된다"는 식으로 해석할 여지를 남길 수 있다.

공격에도 두 가지 종류가 있다. 누가 봐도 공격임을 알 수 있는 공개적인 공격과 공격인지 아닌지 헷갈리는 은밀한 공격이 있다. 예를 들어 상사가 이렇게 말한다고 하자. "휴가를 좀 미루는 것이 어때? 보다시피 할 일이 너무 많잖아." 상사는 마치 당신에게는 선택권이 전혀 없는 것처럼 대놓고 요구하고 있다. 어쨌든 이런 공격은 누구나 이것이 공격이라는 사실을 알 수 있는 종류의 것이다. 그래서 당연히 곧바로 방어의 자세를 취하게 된다.

이에 반해 은밀한 공격은 솜씨 좋은 프리킥과 비슷해서 마지막 순간에야 이것이 공격이었다는 사실을 깨닫게 된다. 예를 들어 상사가 이렇게 말한다고 하자. "자네 다음 주에 휴가지? 얼마나 기다렸던 휴가야. 정말 좋겠네. 그런데 우리 부서에 일이 너무 많아서 말이야. 자네 옆자리 동료도 이번 주 휴가였는데 미뤘잖아. 동료들이 고생하는데 자기만 놀 수 없다고 말이야."

공식적으로는 분명히 요구가 아니다. 상사는 오히려 당신의 심정을 이해한다고 말하고 있다. 하지만 실질적으로는 당신에게 마음의 부담을 안긴다. 은근슬쩍 옆자리 동료를 들먹이며 당신을 동료들의 고생을 못 본 척하는 인정머리 없는 인간으로 몰아가기도 한다. 이런 도덕적 압박으로 당신의 명확한 거절을 막으려는 것이다.

따라서 이런 은근한 압박과 회유도 직접적인 공격과 다르지 않다는 사실을 파악하는 지혜가 필요하다. 공격이 다가온다는 사실을 알아야 수비 태세를 취할 것이 아닌가.

Think Different

국경이 없는 국가는 정복당한다. 'No'의 국경이 없는 인간도 마찬가지이다.

나는 언제부터
스스로 나귀가
되었나

막대기 끝에 당근을 매달아 나귀의 입 앞에서 흔들어댄다. 배고픈 나귀는 당근을 먹기 위해 달리지만 당근에 혀끝조차 닿지 못한다. 나귀가 당근을 잡으려는 순간 주인은 다시 막대기 끝을 더 멀리 보내버리기 때문이다. 눈치챘는가? 이 한심한 나귀가 바로 우리의 모습이다.

듣기 좋게 리더십이라 부르지만 사실은 지령이다. 부하 직원들은 거절하고 싶은 상사의 요구도 결국 승낙하게 된다. 그래서 야근을 하고 동료들과 경쟁하며, 진실보다 매출이 더 중요하다고 생각하고 24시간 메일을 체크한다. 심지어 노동자 네 명 중 한 명은 점심시간도 건너뛰고 일하며 64퍼센트는 토요일에도 일을 한다고 한다.

왜 그렇게 많은 노동자들이 스스로를 나귀로 만들까? 위에서 교묘하게 그려놓은 악보에 따라 연주를 하기 때문이다. 야근을 망설이는 그녀에게 상사가 말한다. "뭐, 꼭 하라는 말은 아니지만 내가 나이는 들어도 기억력은 초롱초롱하거든." 그 말을 우리말로 번역하면 이런 뜻이다. "지금 내 말을 안 들으면 기억했다가 불이익을 줄 테다!"

그에게 상사가 약속을 한다. "다음 승진 땐 무조건 자네를 팀장으로 만들어주겠네." 단, 한 가지 조건이 있다. 향후 1년 동안 대형 프로젝트 세 건을 맡아야 한다. 그는 그 세 건 모두를 맡아 처리하는 것으로 그치지 않고 큰 성공을 거둔다. 그러나 막상 팀장 자리가 비자 외부에서 낙하산이 날아와 그 자리를 낚아챈다.

상사는 늘 입에 침이 마르도록 그녀를 칭찬한다. "이번에도 자네만 믿어. 우리 팀에 자네만 한 인재가 있겠어?" 그러나 막상 임금협상 자리에선 과거의 칭찬을 싹 잊고 이런저런 트집만 잡아댄다.

그녀도, 그도, 당근을 향해 열심히 달렸지만 결국 아무것도 먹지 못한 나귀다. 이런 사태를 예방하기 위한 너무나도 간단한 원칙이 있다. 상사가 이끄는 곳으로 무조건 따라가지 마라. 자신의 길은 스스로 찾아라! 당근의 유혹에 넘어가지 말고 자신의 원칙과 소신을 따라가라!

"내가 나를 궁지로 몰아넣었구나."
⋮

이유는 간단하다. 상사가 누구의 이익을 생각하겠는가? 당신의 이익? 당연히 그는 자신의 이익을 쫓는다. 수렁에서 건져줄 사람이 필요할 때는 지푸라기라도 잡을 것이다. 그러나 수렁에서 나온 후에도 그가 지푸라기의 운명에 관심을 보일까?

내가 아는 영업부 여성 직원은 분기 매출 실적을 달성해야 한다는 부장의 압박을 견디지 못하고 고객들에게 허튼 약속을 남발했다. 덕분에 목표를 달성했고 부장에게 칭찬을 받았다. 하지만 시간이 지나면서 고객들이 괜히 쓸데없는 물건을 샀다는 자각을 하게 되자 부메랑은 그녀에게로 돌아왔다. 고객들이 항의를 했고 그녀의 신뢰도는 추락했으며, 매출도 급락했다. 부장님이 어떤 반응을 보였을 것 같은가? "다 내 죄다. 내가 널 이런 궁지로 몰았구나!" 이렇게 참회했을까? 천만의 말씀! 부장은 그녀를 몰아세웠다. "아니, 무슨 짓을 했기에 매출이 이렇게 떨어져?" 결국 그녀는 몇 달 후 해고를 당했다.

야근으로 일자리를 보장받을 수 있다는 계산도 안 통하기는 마찬가지이다. 물론 열심히 일한 덕에 상사의 총애를 받을 수는 있다. 그러나 어느 날 그가 과로로 쓰러져 병원으로 실려 간다 해도 상사가 여전히 그를 아끼고 사랑할까? 꼭 이런 식이어야 할까? 물론 아니다. 밤늦도록 일하라고, 건강을 해치면서까지 일하고 또 일하라고 누가 당신에게 강요하는가? 확실한 선을 긋는 것이 당신에게도, 회사에게도 유익하다. 그래야 당신의 숨은 능력을 오래오래 발휘하여 회사를 위해 일할 수 있을 테니까. 상사에게도 그 점을 주지시켜야 한다.

심리학자 프리데만 슐츠 폰 툰은 마음의 경호원을 채용하라고 충고한다. 언어 공격을 신속 정확하게 막아줄 우리 인성의 한 부분을 경호원으로 삼는 것이다. 나를 지켜줄 경호원이 있다는 믿음만 있어도 훨씬 더 자신 있게 상대를 대할 수 있다. 실제로 상사들은 무리한 요구를 할 때 저항을 못할 것 같은 인상을 풍기는 사람을 더 선호한다고 한다.

상사의 부탁을 거절하면 단기적으로는 평판이 나빠질지도 모른다. 하지만 상사가 시키는 대로 야근하면서 집중력이 떨어진 동료들보다 훨씬 일에 몰두할 수 있을 테니 좋은 평판은 다시 당신에게로 올 수밖에 없다. 그런데 동료들과 경쟁을 벌여 나의 능력을 뽐내는 것이 맞는 것일까? 물론 회사의 마음에는 들지 모르지만 과연 그것이 모두를 위한 길일까? 함께 협력하여 함께 발전하는 것이 서로 경쟁하며 싸우는 것보다 더 현명하지 않을까?

내가 아는 어느 회사는 몇 년에 걸쳐 직원들의 퇴근 시간이 점점 늦어졌다고 한다. 누구도 제일 먼저 일어서서 퇴근하겠다고 말할 용기가 없었기 때문이다. 그런데 어느 날 한 여성이 과감하게 일어서 모두에게 말했다. "아무도 먼저 일어나려고 하지 않아서 모두가 밤늦게까지 앉아 있는 겁니다. 그러지 말고 모두가 동시에 6시에 일어나면 어때요?" 다들 같은 심정이었기에 많은 사람들이 찬성했고, 결국 부서 전체를 해고시킬 수는 없으니 상사도 수긍할 수밖에 없었다.

　결정을 내려야 하는 상황이라면 반드시 물어보라. 나의 가치관에 맞는 결정인가? 뭔가 찜찜한 구석은 없는가? 회사 마음에 들기 위해 자신의 확신을 거스르는 것은 당신은 물론이고 결국 회사에도 손해가 될 것이다.

"싫다"고 말해도
미움받지 않는다

골프 선수들은 시합을 하는 동안 골프채를 여러 개 들고 다닌다. 상황에 따라 채를 바꾸어 타격률을 높이기 위해서이다. 거절을 할 때도 마찬가지이다. 다양한 전략을 준비해둔다면 상황에 따라 적절한 대응을 할 수 있을 것이다. 거절하기 위해 필요한 마음의 전략과 말솜씨 전략, 실제 활용법을 살펴보자.

거절하는 것이 이제 두렵지 않다

거절의 결과가 무엇일지 생각하자

'확실한 거절을 할 수 있느냐'는 생각을 어디에 집중하느냐에 달려 있다. 당신의 거절이 몰고 올 부정적 결과를 가장 암울한 색깔로 그려보자. 당신이 오늘 저녁 야근을 해달라는 상사의 부탁을 거절하면 어떻게 될까? 당장 일자리가 위태로워지고 동료들이 당신에게 욕을 퍼붓고 상사가 화가 나서 미쳐 날뛸까? 만약 이렇게 생각한다면 단번에 용기가 사라질 것이다. 겁이 나서 마지못해 승낙을 하게 될 것이다.

반대로 야근해달라는 부탁을 거절하고 퇴근했을 때의 결과를 최대한 긍정적으로 그려보자. 오늘 저녁 시간을 어떻게 보낼까 설렐 것이다. 오랜만에 아이들과 재미나게 놀까? 좋아하는 이태리 레스토랑에서 맛난 음식을 먹을까? 사랑하는 사람과 아름다운 추억을 만들까?

그렇다면 우리는 어느 쪽에 더 집중해야 할까? 부정적인 결과에 매달리지 말고 긍정적인 결과에 집중한다면 마음의 자세가 달라진다. 어려운 요구에 단호하게 거절할 수 있는 힘과 용기가 생길 것이다. 당신이 머릿속에 그리는 암울한 그림은 실제로는 비현실적으로 부풀린 걱정일 때가 더 많다. 당신의 거절이 가져다줄 아름답고 즐거운 시간에 집중하자.

문제는 상대의 것이다

남의 입장에서 생각할 수 있는 공감은 사실 무척 바람직한 능력이다. 하지만 거절할 때 남의 입장을 너무 많이 생각하는 것은 오히려 방해가 될 수도 있다. 남의 입장을 너무 많이 생각하다 보면 자연히 자신의 입장에 소홀할 수밖에 없으니까 말이다.

예를 들어 당신이 야근을 거절하는 것이 다른 사람들에게는 어떤 영향을 미칠까? 분명 상사는 다른 동료에게 똑같은 요구를 할 것이다. 그래도 사람을 못 구하면 일이 늦어질 것이고 윗선에서 부서 전체를 비난할지도 모른다.

하지만 잠깐! 남의 문제를 당신의 문제로 만들지 마라. 누구의 문제인가? 회사의 문제이다. 누가 그 문제를 풀어야 하는가? 회사가 풀어야 한다. 회사가 일정을 해서 직원들을 괴롭히지 말아야 한다. 필요하다면 인원을 늘려야 할 것이다. 그런데 당신이 희생하여 문제를 해결해주면 회사는 문제를 문제라고 느끼지 못한다. 당신이 멈추어야 회사가 문제의 해결책을 고민할 것이다.

약점을 인정하라

세 아이 키우기, 늙은 어머니 모시기, 아픈 동료의 일을 대신해주기, 매일 페이스북 친구들에게 새로운 소식을 전해주기 등등……. 현대인은 이 모든 것을 동시에, 완벽하게 해내야 한다. 세상 사람들은 그렇게 생각한다. 그러나 그런 세상 사람들의 생각에 굴복하면 절대 거절을 할 수 없다. 자신의 약점을 인정하는 것이 마치 적에게 투항이라도 하는 듯 굴욕적으로 느껴지기 때문이다.

하지만 그렇게 한정 없이 온갖 부담을 떠안으면 무슨 일이 일어날까? 그렇다. 쓰러지는 그 순간까지 튼튼하고 완벽한 척해야 한다. 더 많이 일하고 더 많이 사람을 만나고 더 많은 호의를 베풀어야 한다. 정말로 어느 날 탈진하여 쓰러질 때까지 말이다.

당신의 힘이 무한하지 않다는 사실을 인정하라. "나도 그러고 싶지만 나의 하루는 24시간밖에 안 되고 내 손도 두 개뿐인지라……." 당신이 스스로의 한계를 인정하면 상대도 당신에게 더 이상 요구하지 못한다. 백기를 든 사람에게 무슨 요구를 할 수 있겠는가? 더불어 당신의 인간적인 모습에 호의를 느낄 것이다. '맞아, 우리는 다 똑같은 인간이야'라면서 동질감도 느끼게 될 것이다.

당신의 역할을 분명히 밝혀라

속으로는 'No'를 외치면서 이를 입밖으로 차마 내뱉지 못하는 당신은 지금 역할 갈등에 빠져 있다. 예를 들어 친구처럼 친하게 지내는 동료가 와서 부탁을 한다. "오늘 나 대신 전화 좀 받아줄 수 있어? 할 일이 너무 많아서 미쳐버리겠어." 당신은 친구의 부탁을 매몰차게 거절할 수가 없어서 억지로 그러겠다고 해놓고 후회막심이다. 당신의 책상에도 일거리가 산더미처럼 쌓여 있기 때문이다.

직장 동료와 친구라는 두 가지 역할을 확실히 구분했더라면 현실적인 대답을 하기가 쉬웠을 것이다. 예를 들어 이렇게 말하면 된다. "친구로서는 네가 무슨 부탁을 해도 난 다 들어줄 용의가 있어. 하지만 여기는 회사고 우리는 같이 일하는 동료잖아. 나도 너랑 처지가 같아. 내 책상에도 일이 산더미처럼 쌓여 있거든. 게다가 내 전화도 받아야 하고. 그러니까 이번 부탁은 못 들어주겠어. 다른 방법을 찾아봐."

재앙은 일어나지 않는다

우리가 두려워하는 것은 거절 그 자체가 아니라 그것이 몰고 올 결과이다. 요구를 받는 순간, 우리 머릿속에서 수천 가지 재앙의 시나리오가 생생한 영상으로 펼쳐지기 시작한다. '내가 거절을 하면' 누군가의 가정이 와해되고, 이웃과 전쟁이 일어나며, 상사는 괴물로 변하고, 일자리는 연기처럼 사라지며, 동료들은 당신을 향해 손가락질을 하는 식이다.

그런 재앙의 시나리오 영상을 막는 가장 좋은 방법은 앞에서 배운 합리적 정서 행동 치료를 따라 스스로 질문을 하는 것이다. 일요일에 처갓집에 가자는 아내의 부탁을 거절한다고 해서 당신의 가정이 와해될 가능성은 얼마나 되는가? 그런 생각이 과연 현실성이 있는가? 그렇지 않다면 그 이유는 무엇인가? 이런 질문을 통해 당신은 아마도 매번 깨닫게 될 것이다. 솔직한 거절이 억지 승낙보다 당신 마음의 평화를 위해서나 상대와의 관계를 위해서나 훨씬 낫다는 것을.

거절할 때 해야 할 것, 하지 말아야 할 것

담담하게 말하라

거절을 할 때 대부분의 사람들은 마치 무릎을 꿇는 듯한 인상을 주는 대답을 한다. "정말 정말 미안한데, 너한테 면목이 없지만……"과 같은 사과는 결국 이 모든 것이 당신의 잘못이라는 인식을 상대에게 심어준다. 당신이 잘못했으니 상대는 당신에게 이런 요구를 해도 마땅하다는 느낌을 준다.

해도 마땅한 것은 상대의 요구가 아니라 당신의 거절이다. 사과를 할 필요도, 호들 갑 떨며 상대를 걱정할 이유도 없다. "아니, 그건 안 되겠어"라는 식의 대답과 함께 다정한 눈빛을 보내면 된다. 다정한 눈빛이지 사과하는 눈빛이 아니다. 이런 상황에 서 상대가 호들갑을 떨면서 당신을 탓한다면 그것이야말로 과잉 반응이다. 당신의 가 볍고도 담담한 대답은 상황 전체를 담담하게 만든다. 또 상대도 그렇게 만든다. 당신 이 워낙 당연한 듯 거절을 하기 때문에 상대도 그 거절을 당연한 것으로 받아들이게 되는 것이다.

여지를 주지 마라

당신이 얼마나 단호한지는 당신의 말에서도 드러난다. "난 거짓말하지 않습니다" 라는 표현을 "난 원래 거짓말 안 하는 사람인데……"라는 표현과 비교해보라. 전자는 확실한 입장을 표하지만 후자는 문을 살짝 열어놓고 상대가 언제라도 밀고 들어올 여지를 준다. '원래', '그럴지도' 같은 애매한 표현은 당신의 의지가 약하다는 표시다. 당신의 말끝에 굵은 느낌표가 아니라 물음표가 다섯 개쯤 찍혔다는 표시다. '원래 거 짓말을 안 하는 사람'은 상황에 따라서는 거짓말을 할 수도 있는 사람이라는 뜻이기 때문이다.

상대에게 여지를 줄 만한 애매한 표현은 사전에서 싹 지워라. 명확한 입장은 명확 한 언어로만 전달할 수 있다.

신체 언어를 활용하라

눈은 땅바닥을 향하고 고개를 까딱거리고 머리를 긁적이면서 입으로만 던지는 'No'가 얼마나 신뢰감을 줄 수 있을까? 메시지의 80~90퍼센트는 목소리와 신체를 통해 전달된다. 말의 내용이 전달하는 비율은 불과 10~20퍼센트뿐이다. 말의 내용을 몸이 적극적으로 지원하는지 살펴야 한다. 거절을 할 때는 고음보다는 저음이 좋고 또 소리가 너무 작지 않도록 주의해야 한다. 시선은 똑바로 상대를 향하며 시선을 먼저 피해서는 안 된다. 한 손으로 연필을 돌리는 것처럼 초점을 흐리는 행동을 해서도 안 된다. 예절에 어긋나지 않는 상황이라면 확실한 경계를 긋기 위해 팔짱을 끼는 것도 좋다. 절대로 사과의 미소를 머금어서는 안 된다. 다정하지만 진지한 눈빛이어야 한다. 말과 몸이 동시에 거절을 할 때 효과도 커진다.

주어는 '나'여야 한다

상대의 요구가 무리하다 싶을 때 보통 사람들은 곧바로 역습을 가한다. "너무 무리한 요구를 하시는 것 아니에요?" 혹은 "왜 항상 자기 뜻대로만 하려고 해요?"와 같이 물으며 자신이 아니라 상대에 대해 말을 하게 된다. 이런 식의 표현은 현명하지 않다. 상대를 자극하여 다음과 같은 반격이 가능하도록 만들기 때문이다. "내가 무슨 무리한 요구를 한다고 그래요? 당연한 요구지."

'나'를 주어로 삼아 나의 상황과 심정을 이야기하라. "내 입장에서는 너무 부담스럽네요"라거나 "나한텐 너무 무리예요"와 같은 식의 표현을 쓰면 상대는 반박을 할 수가 없다. 당신의 느낌이나 당신의 심정은 당신의 것이기에 그 누구도 개입할 수가 없기 때문이다. 따라서 쓸데없는 토론을 잠재우고 대결 구도를 피할 수 있다.

침묵을 참고 견뎌라

당신이 거절을 했다. 이제 상대는 어떤 반응을 보일까? 심한 모욕이라도 당한 사람처럼 당신을 빤히 쳐다본다. 이 상황을 못 견디고 당신이 먼저 변명을 늘어놓기 시작하면 애써 입에 올린 거절은 순식간에 물거품이 되고 만다.

변명은 당신의 거절에 실린 힘을 빼앗는다. 상대는 다시 치고 들어갈 여지를 탐색한다. 거절을 했다면 더 이상의 말이 필요 없다. 상대가 아무 말도 하지 않는다면 그 어색한 침묵의 순간을 견뎌야 한다. 시간이 흐를수록 상대는 체념하게 된다. '되돌릴 수 없구나! 흔들리지 않을 것 같구나!' 하고 말이다.

침묵을 참을 줄 아는 사람이 유리하다. 시종이 변명을 하느라 쉬지 않고 재잘대는 동안 왕은 입을 꾹 다물고 미동도 없이 왕좌에 앉아 있는 법이다. 거절을 하는 사람도 이런 품위를 잃지 말아야 한다.

남에게
휘둘리지 않고
내 마음을 지키는 방법

마음의 소리에 귀를 기울이고 자신에게 물어보라. 'Yes'인지 'No'인지. 눈을 감고 횡단보도 앞에 선 당신을 떠올려보자. 빨간불일 때 절대로 길을 건너면 안 된다. 사고가 날 수 있고 교통경찰에게 걸려 벌금을 낼 수도 있다. 그러나 생각의 빨간불은 쉽게 무시하고 아무렇지도 않게 길을 건넌다. 아니라는 마음의 소리를 무시하고 덜컥 입사한 회사, 강사의 이름을 보고 아니라고 생각하면서도 친구가 추천했다는 이유로 신청해버린 세미나, 결국 돌려받지 못할 거라는 마음의 소리를 무시하고 동료에게 빌려준 돈.

고민 끝에 승낙을 했는데 그것이 결국 큰 실수가 된 경우가 있었던가? 한번 따져보자. 그 당시 당신은 어떻게 결정을 내렸는가? 안 된다는 마음의 소리가 들리지 않았던가? 아니면 소리를 듣고도 무시했던가? 지난 실수를 돌이켜보면서 마음의 소리에 귀를 기울일 수 있는 방법을 찾아보자.

대답하기 전에 고민할 시간을 마련하라

"잠깐만 우리 개 좀 봐주면 안 돼요?"

이웃집 여자가 컹컹 짖는 자기 강아지를 문틈으로 들이민다. 갑작스런 부탁에 당황한 당신이 자기도 모르게 "네"라고 대답한 순간 이웃집 여자는 걸음을 재촉하며 총총 사라져버린다. 당신은 토요일 오후를 여유롭게 보내고 싶었다. 산책도 하고 책도 좀 읽고 잡지도 뒤적이고 차도 마시면서.

그런데 마른하늘에 날벼락도 유분수지. 낑낑대는 강아지 뒤치다꺼리를 하면서 이 화창한 주말을 보내게 생겼다. 게다가 이웃집 여자는 고마움을 모르는 사람이다. 아무리 베풀어도 돌아오는 것이 없다. 어쩌다 당신은 이런 덫에 걸려들게 되었을까? 바로 상대의 급습 작전 때문이다. 상대는 당신이 당연히 승낙할 것이라 예상하고 개를 문틈으로 밀어넣는다. 당연한 듯 당신의 책상에 서류 더미를 던지고 당연한 듯 참가자 명단에 당신의 이름을 적어넣는다.

이런 기습 작전에 걸려들지 않는 최고의 방어책은 무엇일까? 피타고라스Pythagoras는 말했다. "'예'와 '아니오'라는 세상에서 가장 짧은 두 마디가 가장 긴 고민을 요한다." 무조건 대답을 하지 말고 상대에게 잠깐 시간을 달라고 하라. 예를 들어 이웃집 여자에게는 이렇게 말하면 된다. "잠깐 생각 좀 해봐야겠어요. 금방 대답해드릴 테니 집에 가 계세요." 그런 다음 마음에게 물어보고 자신에게 득이 되는 결정을 내린 후 상대에게 통보하면 된다. 이때는 당연히 앞에서 배운 대로 '나'를 주어로 삼는 문장을 사용해야 한다.

"오늘 오후는 제가 할 일이 많아서 안 되겠네요."

상대방의 꼬리가 얼마나 긴지 살펴보라

강아지를 몇 시간이나 봐주어야 하나? 강아지 산책까지 시켜줘야 하나? 밥까지 챙겨주고? 승낙을 하기 전에 정확하게 당신이 해야 할 일을 물어봐야 한다. 부탁이 작은 쥐만 해서 선뜻 승낙했는데 나중에 보니 그 쥐의 꼬리가 끝도 없이 이어진다면 그야말로 대책이 없다.

상사가 새 고객을 맡아달라고 했는데 과연 그 일이 어느 정도의 추가 부담이 될까? 그 일을 맡으면 다른 일을 빼줄까? 옆에서 도와줄 동료는 있을까? 어느 정도의 매출액을 목표로 삼는 것일까? 그런 문제가 확실히 해결되지 않은 상태에서 승낙한다면 당신은 백지수표를 내미는 것과 다를 바 없다. 따라서 결정을 내리기 전에는 충분한 정보를 수집해야 한다. 결과를 확실히 예상할 수 있을 때 답을 해야 한다.

"신규 고객까지 담당하는 것은 무리입니다. 1인당 추가로 주 15시간은 더 투자해야 할 것 같은데, 저는 현재 제가 맡고 있는 고객의 숫자도 벅찬 상태입니다. 따라서 만일 신규 고객까지 맡으면 기존의 제 고객에게도 피해가 갈 것입니다. 두 마리 토끼를 쫓다가는 자칫 두 마리 다 놓칠 수 있습니다."

사실에 근거를 두고서(1인당 주 15시간) 기존 고객과의 관계를 강조하며 추가로 토끼 비유를 들어 말의 내용에 또 한 번 힘을 준 이런 표현은 당연히 효력을 발휘한다.

거절에 대한 대안을 제시하라

신규 고객을 맡고 싶지는 않지만 상사에게 선의를 보여주고 싶다면 어떻게 해야 할까? 앞의 문장에 추가로 내가 맡을 수 있는 조건이나 다른 대안을 제시하면 된다. "저의 고객 일부를 다른 동료가 맡아준다면 제가 신규 고객을 맡겠습니다." 혹은, "어제 프랑크가 미국 고객과의 계약이 만료되었다고 하던데 프랑크에게 한번 제의를 해보시면 어떨까요? 제가 물어볼까요?"

두 제안 모두 아무 생각 없이 거절을 남발하는 무책임한 직장인이 아니라는 긍정적인 인상을 심어줄 수 있다. 진정으로 회사를 걱정하고 적극적으로 해결책을 모색하는 직원이라는 인상을 남길 수 있다. 또 이런 건설적인 태도는 신뢰감을 상승시켜 당신의 거절에 더욱 무게를 실어준다.

상대의 의도를 존중하라

물론 선의에서 나온 제안을 거절하게 될 때도 적지 않다. 예를 들어 연구소 소장님이 당신을 따로 불러 이렇게 말한다.

"자네한테 기쁜 소식이야. 6개월 후에 내가 미국으로 가면 이 연구소는 자네에게 맡기기로 했네. 내가 적극 추천했지. 정말 축하하네."

당신은 흠칫한다. 당신은 순전히 연구가 좋아서 연구소에 들어왔기 때문이다. 소장이 되어 연구소의 운영을 고민하고 싶지 않다. 이럴 때는 어떻게 대답해야 할까? 우선 겸손한 자세로 제안을 경청하며 그 제안 뒤에 숨은 긍정적 의도를 존중하라. 그리고 왜 당신이 그 제안을 받아들일 수 없는지 정중하게 설명하라. 예를 들어 이렇게 말하면 될 것이다.

"정말 감사합니다. 저를 믿고 추천해주셨다니 어떻게 감사를 드려야 할지 모르겠습니다. 위에서도 저를 믿어주시니 몸 둘 바를 모르겠습니다. 그렇지만 솔직히 말씀드려야겠습니다. 저는 연구 실적은 좋을지 몰라도 소장님처럼 연구소를 잘 이끌어나갈 인재는 못됩니다. 소장님처럼 리더십이 뛰어나지는 못하니까요. 저는 제가 잘할 수 있는 연구에 계속 매진하고 싶습니다. 소장님의 마음은 너무 감사하지만 고사해야겠습니다. 분명 저보다 연구소를 잘 이끌 인재가 우리 연구소에 있을 테니까요."

상대에게도 득이 된다는 사실을 강조하라

거절을 하기 힘든 이유 중 하나는 우리가 흑백 논리에 젖어 있기 때문이다. 무슨 일이든 흑 아니면 백, 성공 아니면 실패라고 생각해서 상대의 제의를 내가 받아들이지 않으면 내가 이기고 상대가 지는 것처럼 생각한다. 사실은 그렇지 않다. 나의 거절이 양쪽 모두에게 득이 될 수 있다. 이런 생각을 하면 훨씬 가벼운 마음으로 거절할 수 있다.

예를 들어 친구가 자꾸만 페이스북 계정을 만들라고 설득한다. "자주 볼 수 없으니까 네가 뭐 하고 사는지 알고 싶단 말이야. 눈에서 멀어지면 마음에서도 멀어진다고 하잖아. 페이스북으로라도 자주 봐야지." 그런데 당신은 사생활을 공개할 마음이 없다. 평소 SNS를 별로 좋아하지 않는다. 혹은 페이스북이 당신의 정보를 이상한 곳에 오용할지도 모르니까 찜찜하다. 자, 어떻게 친구의 부탁을 거절할 수 있을까? 친구의 말을 귀 기울여 들으면서 친구가 진정으로 원하는 것이 무엇인지를 간파한 다음 대안을 제시하면 된다. 예를 들어 이렇게 말할 수 있다.

"무슨 말인지 잘 알아들었어. 자주 보고 싶다는 말이잖아." (친구가 고개를 끄덕인다.) "그러니까 더 가입하지 않을 거야. 난 계정을 만들어봤자 소식을 올리지도 않을 거고, 괜히 너만 들락거리면서 시간을 낭비할 테니까. 그냥 내가 더 자주 전화할게. 우리 전화로 수다 떨자. 그럼 괜찮지?"

거절은 단호하고 확실하게 한다

그래도 친구는 수긍하지 않고 계속해서 우긴다.

"그냥 가입해. 페이스북 가입한다고 큰일나는 것도 아닌데."

당신은 마음이 약해져서 변명을 늘어놓는다.

"난 가입할 줄도 몰라."

당연히 친구는 그 여지를 파고들 것이다.

"내가 해줄게. 전화기 줘봐."

이럴 땐 세 가지 원칙이 필요하다.

첫째, 반드시 사수해야 할 경계선을 확실히 그어라. 말로도 여지를 주지 말고 불안한 동작을 취하지도 말고(사과의 미소), 가짜 변명을 늘어놓지도 마라(나 컴퓨터 잘 못하잖아). 둘째, 상대가 채근하거든 조금 전보다 더 명확하게 거절 의사를 반복하라. 셋째, 되돌려서는 안 된다. 미국의 위대한 코미디언 그루초 막스Grouch Marx는 이런 우스갯소리를 한 적이 있다. "내겐 반드시 지키는 철의 원칙이 있습니다. 하지만 그게 여러분 마음에 안 들면 다른 것도 있습니다." 그건 개그고 현실에선 그러면 안 된다. 한 번이라도 예외를 허락하면 모두들 당신을 물렁하게 볼 것이다. '저 사람은 자꾸 조르면 넘어온다니까'라고 생각해서 몇 번이고 조를 것이다.

당신이 전하고자 하는 핵심 메시지를 반복하라

평소 잘 지내는 이웃이 초인종을 누르더니 연판장을 들이민다. 시의회 의원들에게 지급하는 회의비를 삭감하자는 내용이었다. 이웃의 부탁이니 웬만하면 들어주고 싶지만 당신이 보기에 50유로면

과하지 않다. 그래서 이렇게 말한다.

"고생이 많으시네요. 그런데 저는 보수도 없이 일하시는 분들인데 퇴근 후에 모여 회의를 했으면 그 정도 돈은 드려야 한다고 봐요."

그가 대답한다.

"맞아요. 그런데 문제는 다수가 열심히 참석하지 않는다는 데 있어요. 일은 안 하고 돈만 챙기는 거죠."

"열심히 하시겠죠."

"아니에요. 저번에 그 스포츠센터 건축 건만 해도 그래요……."

그는 당신이 알지도 못하는 세세한 사항들을 늘어놓기 시작한다.

"증거가 있어요?"

당신이 묻는다.

"당연하죠. 회의록도 있는데요."

이런 상황에선 왜 당신의 입지가 점점 약해질까? 당신이 지엽적인 문제로 빠져들었기 때문이다. 모르는 일이니 진위를 판단할 수 없다. 따라서 그렇게 지엽적인 문제로 빠지기 전에 당신이 전하고자 하는 핵심 메시지를 반복하는 쪽으로 대화를 진행해야 한다.

"문제는 다수가 열심히 참석하지 않는다는 데 있어요. 일은 안 하고 돈만 챙기는 거죠."

"저는 그래도 같은 생각이에요. 보수도 없으니까 그 정도 회의비는 괜찮다고 생각해요.

"하지만 다른 시에선 40유로예요."

"그래도 우리 시에선 50유로가 적당해요."

"그런 게으름뱅이들한테 50유로는 너무 많아요."

"전 50유로가 적당하다고 생각해요."

이제 대화의 주도권은 점점 당신에게로 기울어질 것이다. 무슨 말을 해도 당신은 같은 말만 반복할 테니 상대는 점점 진이 빠질 것이다.

상대의 숨은 의도를 까발려라

팀장이 와서 당신에게 말한다.

"이 회사엔 자네 같은 중국통이 드물어. 내가 가만히 지켜보니까 정말 그래. 그래서 말인데 이번 중국 출장도 자네가 가야 할 것 같아. 믿고 보낼 사람이 없어서 그래."

그러니까 지금 팀장은 직원들이 서로 안 가려는 중국 출장을 선뜻 떠맡아줄 멍청이를 찾고 있다. 그의 지시는 두 가지 방식으로 당신을 압박한다. 첫째, 칭찬으로 말을 시작하여 저항심을 줄인다. 둘째, 당신이 문제의 유일한 구원투수라는 주장으로 거절하기 곤란한 상황을 조성한다.

이제 당신이 해야 할 일은 상대의 숨은 의도를 까발리는 것이다. 겉으로는 유머러스하지만 내용은 진지하며 표현은 부드러운 것이 좋다. 예를 들어 자신감 넘치는 미소를 지으며 이렇게 말하는 것이다. "팀장님이 그런 칭찬을 하실 때는 항상 아무도 안 하려는 일을 억지로 떠맡기려고 할 때죠. 제 말이 맞죠?"

이런 식의 응답으로 당신은 상대에게 모욕감을 주지 않으면서도 상대의 의도를 공공연히 드러낼 수 있다. 의도를 간파당한 팀장은 당신이 만만한 상대가 아니라고 생각하여 다른 동료에게로 눈을 돌릴 것이다. 그래도 팀장이 포기하지 않고 당신을 압박한다면? 앞서 배운 확실한 거절로 방향을 틀어 아무리 애써봤자 당신한테는 안 통한다는 것을 보여줘야 한다.

연막작전을 이용하라

팀장이 화를 벌컥 내며 당신을 비난하기 시작한다.

"책임감이라고는 없는 사람이군. 회사를 생각한다면 어떻게 그렇게 자기 생각만 할 수 있나?"

"제가 왜 책임감이 없습니까? 벌써 세 번이나 제가 갔다 왔는데요."

"그러니까 네 번은 왜 못 가냐고?"

당신이 아무리 방어 작전을 펼쳐봤자 돌아오는 것은 새로운 공격이다. 이럴 땐 은근슬쩍 연막을 터트리는 것도 수월하게 빠져나가는 한 가지 방법이다. 사실은 그렇지 않지만 상대가 옳을 수도 있겠다고 그냥 인정해버리는 것이다.

"책임감이라고는 없는 사람이군. 회사를 생각한다면 어떻게 그렇게 자기 생각만 할 수 있나?"

"그렇게 생각하실 수도 있겠네요."

"내 말이 맞지?"

"그렇게 해석할 수도 있겠다고요."

"왜 안 가려고 해? 중국 사람들이 골치 아파?"

"그럴 수도 있고요."

팀장은 당신의 대답을 가늠할 수 없다. 가겠다고 하지도 않고 안 가겠다고 하지도 않으니 아무리 말을 해봤자 헛수고다. 입이 마르도록 이야기해봤자 당신은 전혀 압박감을 느끼지 않는 것 같으니 말이다.

원칙대로 해야 한다는 점을 분명히 말하라

거절을 하기가 힘든 제일 큰 이유 중 하나는 상대가 나의 거절을 인신공격으로 받아들이기 때문이다. 따라서 그 점을 명확히 짚어주면 그런 사태를 미연에 방지할 수 있다. 당신의 거절이 결코 상대 때문이 아니라 원칙 때문이라는 점을 분명히 말하는 것이다. 위에서 예로 든 상사에겐 다음과 같이 말할 수 있다.

"1년에 장기 출장은 세 번까지만 가기로 팀원들끼리 정했습니다. 저는 벌써 세 번을 갔다 왔으니까 이번엔 다른 팀원에게 말해보십시오."

"하지만 급해. 자네가 아니면 안 된다니까."

"원칙은 원칙이죠. 팀장님이 원칙을 안 지키시면 어떻게 합니까?"

당신이 원칙을 거론하면 상대도 어쩔 수가 없다. 다른 핑계는 아무리 둘러대도 토론만 길어질 뿐이다. 원칙은 토론이 불가능하기에 당신의 거절을 끝까지 지지해줄 단단한 바닥이 되어줄 것이다.

거절의 기한을 정하라

일정 기간 동안 당신이 응할 수 없는 일도 많다. 이럴 땐 그 사실도 함께 언급해야 한다. 예를 들어 위의 팀장에겐 이렇게 말한다. "이번은 저도 다녀온 지 얼마 안 되었으니까 다른 팀원을 찾아보세요. 대신 다음번에는 제가 갈 수 있을 겁니다."

옆자리 동료가 당신에게 일을 맡기려고 하면 이렇게 말할 수 있다. "이번 달엔 안 돼. 내가 너무 바빠. 이 업무가 해결되면 여유가 좀 생기니까 그땐 해줄 수 있을 거야."

물론 주의해야 할 점이 있다. 말한 대로 다음번에 응할 마음이 있을 때에만 이런 식의 표현을 써야 한다. 안 그러면 미루기 위해 괜히 둘러대는 거짓말쟁이로 낙인찍힐 것이다. 또 될 수 있는 대로 확정적인 표현을 쓰지 말고 '그럴 수 있다'라는 식으로 여지를 둬라. 그래야 자기 경계는 뚜렷하지만 근본적으로는 개방적인 사람이라는 바람직한 인상을 줄 수 있다.

"나는 불완전하지만
불안하지
않습니다."

인생이 충만하려면 활력이 넘쳐야 한다. 지금 이 순간은 미래로 넘어가는 다리가 아니라 그 자체로 목적이 되어야 한다. 공부를 출세의 수단으로만 생각하는 사람은 공부도, 직업도 즐기지 못한다. 공부를 하는 동안엔 출세할 날만 꿈꾸고 출세를 하면 은퇴할 날만 꿈꾸고 은퇴를 하면 다시 젊었던 그 시절로 돌아가고 싶다. 그런 사람의 현재에는 무엇이 있겠는가? 행복을 빨아들이는 블랙홀뿐이다.

기업 창립자나 유명 패션 디자이너처럼 성공한 사람들에게 언제가 가장 행복했냐고 물어보면 모두가 성공하기 전의 시절이라고 대답한다. 그 시절이 가장 힘들고 불안했지만 가장 뜨겁게 열정을 불태울 수 있었고 활력 넘쳤던 시간이었기 때문이다.

"참고 노력해서 다 이루면, 큰 집과 큰 차, 안정된 가정과 재산을 다 손에 넣으면 그때 진정으로 행복해질 거야!" 세상은 그렇게 말한다. 그러나 그렇지 않다. 행복은 목표를 달성하는 데 있지 않다.

행복은 노력하는 과정에 있다. 열심히 달려 목표 지점까지 마라톤을 완주한 주자는 도착하자마자 바닥에 풀썩 쓰러진다. 달릴 때는 활력이 넘치지만 완주를 하고 나면 긴장이 풀리면서 두 다리에 힘이 빠지기 때문이다. 우리는 과정을 과소평가하고 목표를 과대평가한다.

마찬가지로 자신의 행복은 과소평가하고 남의 행복은 과대평가한다. 아이가 없는 여성은 아이를 데리고 가는 여성을 쳐다보며 부러워한다. '나도 아이가 있으면 행복할 텐데.' 그러나 아이를 데리고 가는 여성은 아이가 없는 여성을 보며 부러워한다. '나도 혼자면 마음 편하게 다니고 밤에도 푹 잘 수 있을 텐데.'

내 인생을 내 스스로 결정하겠다는 것은 사실 포기를 의미한다. 남들이 정한 대로 인생의 대형 마트를 돌며 손에 잡히는 대로 카트에 집어넣을 때보다 내 스스로 원하는 것을 결정할 때 가진 것은 더 적어진다. 그러나 에리히 프롬이 말한 '소유'는 더 적어질지 몰라도 '존재'는 더 많아질 것이다. 불필요한 것들을 포기하는 대신 나 자신에게 더 충실할 수 있기 때문이다.

다른 배우자, 다른 직업, 다른 나라, 다른 삶을 결정했더라면 어떤 삶을 살고 있을지 당신은 절대 알 수 없다. 지금보다 훨씬 더 나았을까? 그렇지 않을 것이다. 결정을 내리고 그 결정에서 최선의 결과를 끌어내기 위해 노력하는 것이 더욱 중요하다. 앞의 두 여성처럼 놓친 것만 쳐다보며 자신의 선택을 부정한다면 행복은 결코 발견할 수 없을 것이다.

❖ ❖ ❖

러시아 문호의 도스토예프스키F. M. Dostoevskii도 말했다. "인간은 행복하다는 것을 몰라서 불행하다." 행복은 오직 백미러로 볼 때만 알아볼 수 있다. 삶의 아름다운 순간을 즐기면서 동시에 행복을 느낄 수 있다는 기대는 하지 말아야 한다. 현재의 행복은 유령 같아서 영원히 붙들어놓지 못한다. 지금 행복을 느끼는 사람에게 행복은 보이지 않는다. 행복이 마음을 채울 때는 행복하다는 생각을 하지 못하기 때문이다.

인생의 기관차에 올라 당신의 선로를 달려라. 남들이 아무리 세우라고 신호를 보내도 아랑곳하지 마라. 가다 보면 터널도 있을 것이고 황량한 풍경도 지나갈 것이다. 남들이 다 가는 선로를 따라가지 않으려면 그런 어둠과 의혹은 당연히 거쳐야 하는 절차이다. 하지만 자신의 개성을 따라가다 보면 언젠가 터널의 끝이 보이고 환한 빛이 당신을 맞아줄 것이다. 그리고 언젠가 당신만을 위해 마련된 기차역에 도착할 것이다. 인격의 완성이라는 기차역에.

환영한다! 기관차에 오를 준비가 끝난 당신을! 당신만의 기차역에 당도한 당신을!

오늘부터 내 인생, 내가 결정합니다

초판 1쇄 발행 2017년 7월 24일

지은이 마르틴 베를레
옮긴이 장혜경

펴낸이 박선경
기획/편집 • 김시형, 이지혜, 한상일, 남궁은
교정/교열 • 권혜원
마케팅 • 박언경
표지 디자인 • twoes design
본문 디자인 • twoes design
제작 • 디자인원(031-941-0991)

펴낸곳 • 도서출판 갈매나무
출판등록 • 2006년 7월 27일 제395-2006-000092호
주소 • 경기도 고양시 덕양구 은빛로 43 은하수빌딩 601호
전화 • (031)967-5596
팩스 • (031)967-5597
블로그 • blog.naver.com/kevinmanse
이메일 • kevinmanse@naver.com
페이스북 • www.facebook.com/galmaenamu

ISBN 978-89-93635-84-3/03190
값 14,000원

• 잘못된 책은 구입하신 서점에서 바꾸어드립니다.
• 본서의 반품 기한은 2022년 7월 31일까지입니다.

이 도서의 국립중앙도서관 출판예정도서목록(CIP)은 서지정보유통지원시스템 홈페이지(http://seoji.nl.go.kr)와 국가자료공동목록시스템(http://www.nl.go.kr/kolisnet)에서 이용하실 수 있습니다.(CIP제어번호: CIP2017015892)